東京大都市圏における

ハウジング研究

都心居住と郊外住宅地の衰退

久保 倫子 著

古今書院

Geographical Housing Studies in the Tokyo Metropolitan Area:
Changing residential structure after the late 1990s

KUBO Tomoko

ISBN978-4-7722-5287-4
Copyright © 2015 by KUBO Tomoko

Kokon Shoin Publishers Ltd., Tokyo, 2015

目　次

1章　序　章 ……………………………………………………………… 1
 1-1　本書の研究課題　1
 1-2　本書の構成　3

第1部　マンション居住の進展とその意義　－水戸市中心部と幕張
   ベイタウンにおけるマンションの役割の分析から ……………… 5
 1　第1部の課題：マンション居住の進展がもたらす意義　5
 2　第1部の研究方法　7
 3　第1部の研究対象地域　8

2章　日本における住宅市場の変化とマンション居住の浸透過程 … 11
 2-1　日本の住宅市場の概観　11
 2-2　東京大都市圏における持家取得行動　13
 2-3　日本におけるマンション供給　16
 2-4　1990年代後半以降のマンション居住者特性　19

3章　東京都心部における1990年代以降のマンション供給の変化 … 25
 3-1　東京都心部における世帯の多様化　25
 3-2　東京都心部におけるマンション供給動向の変化　27

- 3-3 単身世帯の増加とコンパクトマンション　34
- 3-4 2000年代における東京都心部での超高層マンションの供給　39
- 3-5 本章のまとめ －都心居住とマンション供給　43

4章　水戸市中心部におけるマンション購入世帯の現住地選択に関する意思決定過程　……45

- 4-1 本章の課題　45
- 4-2 水戸市中心部におけるマンション居住世帯の特性　47
- 4-3 水戸市中心部におけるマンション購入世帯の現住地選択に関する意思決定過程　53
- 4-4 水戸市中心部におけるマンション購入世帯の居住地選択の特性とマンションの役割　59

5章　幕張ベイタウンにおけるマンション購入世帯の現住地選択に関する意思決定過程　……63

- 5-1 本章の課題　63
- 5-2 幕張ベイタウンにおけるマンション居住世帯の特性　68
- 5-3 幕張ベイタウンにおけるマンション購入世帯の現住地選択に関する意思決定過程　81
- 5-4 幕張ベイタウンにおけるマンション購入世帯の居住地選択の特性とマンションの役割　91

6章　マンション購入世帯の現住地選択に関する意思決定過程からみたマンションの役割　……95

- 6-1 マンション購入世帯の現住地選択に関する意思決定モデル　95
- 6-2 マンション市場の特性からみた都市の居住地域構造の特性と変容　98
- 6-3 第1部のまとめ　102

第 2 部　郊外住宅地の衰退と持続可能性 ……………………107

　1　第 2 部の課題　107
　2　第 2 部の研究方法　108

7 章　郊外住宅地における居住環境の変化 ……………………111

　7-1　郊外住宅地における地域社会の衰退　111
　7-2　大都市圏における空き家化の進展　112
　7-3　空き家条例の制定と空き家対策　114
　7-4　本章のまとめ　119

8 章　成田ニュータウンにおけるミックス・ディベロップメントの実態 ……………………123

　8-1　本章の課題　123
　8-2　成田ニュータウンにおける居住者の特性　131
　8-3　成田ニュータウンにおけるソシアル・ミックスと高齢化　135
　8-4　成田ニュータウンにおけるソシアル・ミックスと住宅地の持続性　141
　8-5　本章のまとめ　145

9 章　成田ニュータウンにおける地域社会の特性と住宅地の持続性　149

　9-1　本章の研究課題　149
　9-2　成田ニュータウンにおけるコミュニティ活動の特性　151
　9-3　成田ふるさと祭りの運営　160
　9-4　成田ふるさと祭りへの住民参加　166
　9-5　成田ふるさと祭りへの参加と地域への定着　169
　9-6　成田ニュータウンの持続性と地域コミュニティ　171

9-7　本章のまとめ －成田ニュータウンにおける住宅地の持続性と地域社会　173

10章　海外都市の居住環境に学ぶ －第2部の結びにかえて …………175

10-1　東京都心の住宅問題 －都心居住の影で　175
10-2　海外の都市における都心居住の動向　176
10-3　カナダの住宅地におけるソシアル・ミックス　181
10-4　日本の都市が学ぶべきもの　185

11章　結　論 －東京大都市圏における居住地域構造の変容に関する
　　　　ハウジング研究の成果と課題 ……………………………………189

11-1　都心／郊外の明暗についてのパラレルな関係　189
11-2　持続的な住宅地の維持管理システムの構築に向けて　190

おわりに　193
文　献　197
索　引　207

1章 序　章

1-1　本書の研究課題

　戦後の日本では，住宅の量的充足を目指して核家族世帯による持家取得の促進に重きが置かれてきた（平山 2009；Ronald 2008）．これにより，1960年代から全国的に郊外での戸建住宅を中心とした住宅地開発が進められ，人々は「住宅すごろく」の上がりを目指してそれらに転入して行った．郊外住宅地は，数十年にわたり大都市圏の居住機能を担ってきたといえる．しかし，1990年代後半になると都心部が居住地としての機能を強め，都心人口が増加し始めた．これは，直接的には地価の下落にともないマンションと公共住宅が供給されたためであり（不動産経済研究所 2002），間接的には世帯の縮小や女性の社会進出が進み人々の住宅ニーズが多様化する中で，郊外の戸建住宅よりも都心部のマンションが好まれるようになったためである（久保・由井 2011；小泉ほか 2011）．

　近年の郊外住宅地では，第一世代の高齢化と第二世代の離家とが同時進行し（中澤ほか 2008），住環境が悪化したり，ゴーストタウン化したりする問題が指摘されている（長沼ほか 2006）．郊外住宅地が衰退しはじめた背景には，日本において良好な居住環境を持続的に維持管理していく仕組みが脆弱であることがある．日本では住宅の新規取得を支援する制度上の枠組みはあるが，中古住宅の流通や老朽化住宅地の整備を進める制度は欧米諸国と比べて進んでいない（Kubo and Yui 2011）．また，社会的側面に着目すると，郊外住宅地の多くでは居住者の年齢や世帯構成が均質的であるために，居住者の加齢にともない地域社会も衰退せざるを得ない状況にある．

　本書では，東京大都市圏における居住地域構造の変容過程を，①居住地選択，

住宅への価値観や住まい方の変化という居住者意識の側面，②世帯の多様化にともなう都心部における住宅供給の変化という側面（第1部），さらに③郊外住宅地における地域システムや住宅問題の側面から検討する（第2部）。これにより，東京大都市圏における居住地域構造の変容過程の実態と問題点を明らかにすることを目的とする。

東京大都市圏における居住地域構造が大きく変容している現在，その実態を明らかにする上では，住宅の供給的側面や居住者の住宅取得行動，社会経済状況の変化などを総合的かつ多角的に分析することが有効であると考えられる。そこで，居住者側，供給側，制度上の特性など住宅や居住に関する領域を総合的に分析するハウジング研究の枠組みを採用する。

"The Geography of Housing" を著した Bourne（1981）によると，地理学が取り組むべきハウジング研究の枠組みとして「世帯の立地決定」，「居住地移動」，「土地利用と近隣変化」，「社会的人口学的変化」，「政治的経済的構造」，「投資と資本市場」，「制度的行動」，「局地的開発行為」の8点が提示されている（図1-1）。ここで示された枠組は，社会地理学・経済地理学・人口地理学・政治地

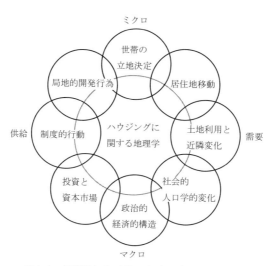

図1-1　地理学におけるハウジング研究の枠組み
（Bourne（1981）に筆者加筆）

理学・都市地理学にまたがるものであり，同時に地理学の枠を超えた学際的な研究領域である。また，国内では由井（1999）が「地理学におけるハウジング研究」を著し，都市地理学において住宅や居住を扱う研究の道筋を提示した。本研究では，これらの先行研究を基礎として，東京大都市圏における居住地域構造の変容過程を詳細に検討する。

　欧米と比較すると，日本の都市地理学では住宅や居住者を扱った研究の蓄積が少なく，研究の視点が限られてきた。住宅の分布と居住地域構造，住宅サブマーケット別の居住者特性，不動産資本と都市開発，郊外化と住宅取得行動，住宅とジェンダーなどが主要な研究視点であった。しかしながら，住宅研究は学際的な研究領域であり，総合的な性格を持つ地理学の視点から住宅研究を発展させていくことは，日本の都市地理学だけでなくより学際的，国際的な議論を発展させていく際に大きな貢献となるだろう。

1-2　本書の構成

　本書の研究枠組みを図1-2に示した。まず，序章で研究の背景，課題と方法，研究対象地域となる東京大都市圏の概要を述べる。その後は，都心居住を扱った第1部と，都心居住が進む中で魅力を失い衰退し始めている郊外住宅地の実態を扱う第2部に分けて分析を進める。

　第1部では日本においてマンション居住が浸透していく過程を，戦後の住宅市場，郊外化の時代，1990年代以降にマンション供給が増加したことにより都心人口が回復していった時代に分けて，既存研究や統計資料を整理する（2章）。次に，1990年代以降の東京都心部におけるマンション供給の変遷を分析する（3章）。さらに，マンション居住のもつ意義を検討するため，地方都市中心部（水戸市，4章）と東京近郊の新開発地（幕張ベイタウン，5章）におけるマンション購入世帯の現住地選択に関する意思決定過程を分析する。それらの成果をもとにマンションの役割を考察する（6章）。

　第2部では，郊外住宅地の居住環境について，まず空き家増加の問題への自治体の対応を概観する（7章）。次に，ベッドタウンとしてではなく比較的自立したニュータウンとして建設された成田ニュータウンを事例にして，ミック

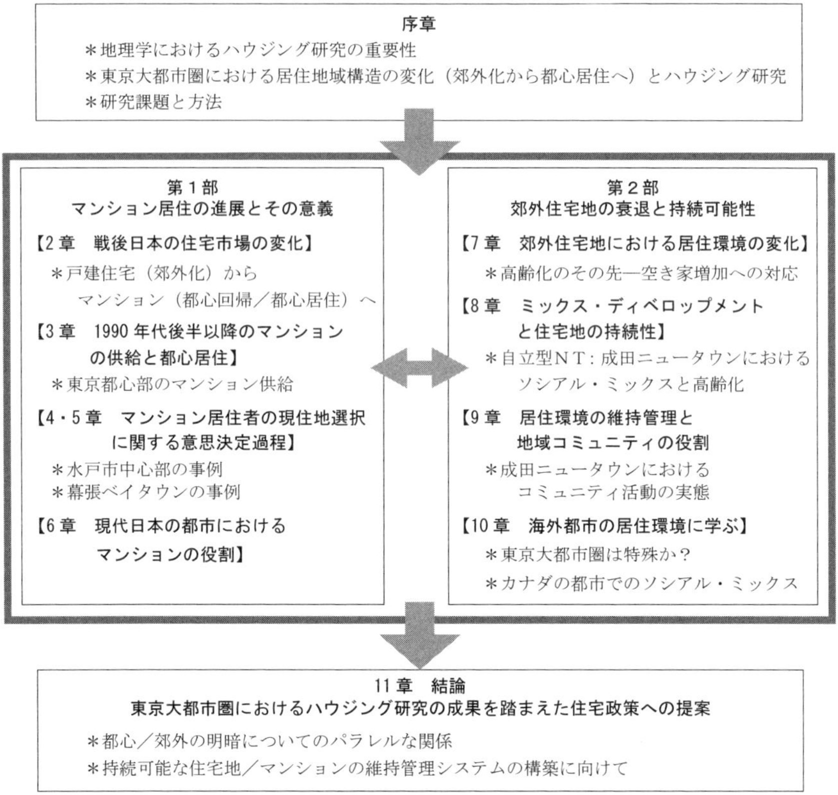

```
序章
  *地理学におけるハウジング研究の重要性
  *東京大都市圏における居住地域構造の変化(郊外化から都心居住へ)とハウジング研究
  *研究課題と方法
```

```
第1部                                    第2部
マンション居住の進展とその意義              郊外住宅地の衰退と持続可能性
【2章 戦後日本の住宅市場の変化】          【7章 郊外住宅地における居住環境の変化】
  *戸建住宅(郊外化)から                    *高齢化のその先―空き家増加への対応
   マンション(都心回帰/都心居住)へ      【8章 ミックス・ディベロップメント
【3章 1990年代後半以降のマンション              と住宅地の持続性】
   の供給と都心居住】                       *自立型NT:成田ニュータウンにおける
  *東京都心部のマンション供給                ソシアル・ミックスと高齢化
【4・5章 マンション居住者の現住地選択    【9章 居住環境の維持管理と
   に関する意思決定過程】                       地域コミュニティの役割】
  *水戸市中心部の事例                       *成田ニュータウンにおける
  *幕張ベイタウンの事例                      コミュニティ活動の実態
【6章 現代日本の都市における             【10章 海外都市の居住環境に学ぶ】
   マンションの役割】                       *東京大都市圏は特殊か?
                                           *カナダの都市でのソシアル・ミックス
```

```
11章 結論
東京大都市圏におけるハウジング研究の成果を踏まえた住宅政策への提案
  *都心/郊外の明暗についてのパラレルな関係
  *持続可能な住宅地/マンションの維持管理システムの構築に向けて
```

図1-2 本研究の枠組み

ス・ディベロップメントが地域の持続性にどのように影響するかを検討し(8章)，同様に地域コミュニティが地域の持続性に対して果たす役割を示す(9章)。その後，郊外住宅地における居住環境悪化の問題を解決する糸口を見出すため，海外における居住環境の事例を紹介しながら日本の学ぶべき点を考察する(10章)。

最後に，第1部と第2部で検討した，東京大都市圏における居住地域構造の変容を扱ったハウジング研究の成果を踏まえて，都心と郊外の関係性について考察する。また，これまでの住宅政策の問題点を挙げ，今後の住宅政策への提案を行う(11章)。

第1部　マンション居住の進展とその意義
－水戸市中心部と幕張ベイタウンにおけるマンションの役割の分析から

1　第1部の課題：マンション居住の進展がもたらす意義

　住宅を所有することは，個人の居住経験において重要なイベントである。住宅を所有することによって，生活や住宅に対する満足度が高くなることが欧米の事例から明らかにされており（Elsinga and Hoekstra 2005），住宅の所有は，個人の福利や喜びと結びつくものであるといえる（Morrow-Jones 1988；Hirayama 2005）。また，これまでの研究蓄積によって，世帯の成長に伴い住宅所有への意欲が高まる傾向や，住宅所有を推進する社会的規範が存在するとされてきた（Michelson 1977）。

　日本においても，住宅所有を推進する住宅制度が整備されたこともあり（社団法人住宅生産団体連合会 2002），大都市圏での非大都市圏出身者による住宅所有が増加し，郊外化がおこった（谷 1997）。郊外において，戸建住宅は理想的な居住形態として認識されていると考えられてきた（影山 2004）。

　しかし，公団住宅の登場以降，一般化してきた集合住宅の供給により，郊外においても集合住宅が増加している。また，バブル期以降の全国的なマンション[1]供給増加のなかで，マンション購入者が増加し，マンションは戸建住宅に並ぶ重要な住宅の所有形態となってきた。このようにマンションが受容されている背景としては，第一に，単身世帯や夫婦のみ世帯の増加など，世帯構成やライフコースが多様化したことによって，非核家族世帯の持家取得の受け皿としてマンションが果たす役割が増していることが挙げられる（由井 2000；Hirayama and Izuhara 2008）。第二に，過去の居住経験や現在の就業状況，定住意識やライフスタイルを示す指標が居住地選択に影響することが示されており（Aero 2006；稲垣 2003），個人の価値観やライフスタイルを基準として住宅を

選択するような新たな潮流がみられるようになってきたことも重要な要素であろう。

　Preston（1986，1991）は，アメリカのコンドミニアム（日本のマンションに相当）供給に関して，都市中心部と郊外での形態および価格などの差異を示し，都市の規模や特性を反映してコンドミニアム居住者の性格が異なるとしている。また，カナダではコンドミニアムが高齢者や若年世帯に選択される傾向があり（Skaburskis 1988），この要因としてコンドミニアムのアフォーダビリティ[2]やセキュリティが高く評価されていることが挙げられている。

　マンションは，社会経済的状況を反映しやすく立地傾向や資産的価値などの面で戸建住宅とは異なる所有住宅であるといえる（松原 1985）。しかし，現代における重要な所有住宅であるマンションの特性については，マンションの供給面からの研究蓄積が多く，マンションが浸透してきた要因について，マンション居住者側の視点からの説明が十分になされていない。

　マンションの供給にともなう，都市の景観的変化（香川 1988）や都心への人口回帰（矢部 2003），地域再生（広瀬 2000；大塚 2004），住民構成の変化（榊原ほか 2003；宮澤・阿部 2005）などにも関心が集まっている。都市中心部においてマンションが居住地として選択される要因を明らかにすることは，都市の動態的側面を解明するうえで重要であると思われる。マンション居住者に関する研究は，広域中心都市（由井 1986；松岡 2000）などに限定されてきたが，戸建住宅への志向が強い地方都市での事例（大塚 2005）は，都市規模による差異および地方都市中心部の特性を明らかにするうえで有益であると思われる。また，郊外におけるマンション供給地域も扱われることが少ない。郊外の新開発地が果たす役割を検証することは，マンション供給にともなう都市の居住空間の再編過程を明らかにする上で重要な視点である。

　地方都市における現住地選択過程は，探索地域や居住形態の選択肢の点で競合関係にある場所が少なく，比較的制約の多い中での居住地選択行動であると予想される。また，マンションという居住形態が普遍化しておらず，新しい永住形態であるという点も居住地選択に影響を与えると考えられる。一方，郊外においては，マンションという居住形態が普遍化しており，都心部においても

バブル経済期と比較すれば割安感のあるマンションが供給される中で，新たな魅力を付加し競争力のある住宅地となることが求められている．このような中で，住宅の探索者は，大都市圏内の新開発地や，中古住宅などを含めた多様な居住形態の選択肢の中から特定の住宅地開発，住居を選択していることが予想される．このように現住地選択の過程の特性において異なる性質を持つ2つの地区を事例とすることによって，居住地選択や人口移動の研究に新たな知見をもたらすことが可能であると考える．

これらの課題を踏まえ，本研究ではまず，戦後日本におけるマンション居住の浸透過程について既存研究を元に整理する．次に，マンション居住が普遍化している東京都心部における新たなマンション供給の動向を検討しながら，マンション供給が推進されてきた制度的，あるいは供給者側の戦略的な要因を探る．その後，マンションの現代的な役割を検討するため，マンション居住者の居住地選択に関する事例研究を行う．

事例研究では，東京大都市圏外縁の中心都市である水戸市と近郊の住宅開発地である幕張ベイタウンを事例として，マンション居住者の特性およびマンション購入世帯の現住地選択に関する意思決定過程を明らかにし，大都市圏という空間スケールにおけるマンション居住の意義を示す．

2 第1部の研究方法

居住地選択は，居住地域の選択と居住先の住宅の選択を重要な要素としている．特に，住宅を所有する際には，これらの選択が慎重に行われる傾向がある．それは，経済的な負担に加え，長期間にわたって居住する可能性が賃貸住宅への居住の場合と比較して高いためである．住宅所有の際の居住地選択要因を詳細に分析していく上では，行動論的手法に則り，個人および世帯の意思決定過程を分析していくことが重要であると考える．

住宅所有の意思決定過程に関しては，Brown and Moore（1970）の行動論的二段階モデルを基に多くの研究蓄積がなされている．Short（1978）およびRobson（1975）によると，転居に関する意思決定過程で重視される要因につい

て，以下のような指摘がなされている．転居を決定するまでは，前住地での近隣環境および住宅等への評価や，世帯の収入や規模などを基に住宅へのニーズや希望の形成が行われる．この際，転居先となる地域における住宅の平均価格やその地域の社会的地位や周辺環境などが重要である．つまり，住宅探索者が十分に認識し，情報を得ることができる地域が選択される傾向が強い（Wolpert 1965；Brown and Moore 1970）．各世帯は，これらの要素を考慮し，世帯にとって好ましい住宅や地域を探索するようになる．

　転居先の探索過程では，住宅情報や住宅および地域への知識が重要であるとされている．選択しうる住宅と世帯の住宅に対する要望との間の調整が行われた後，特定の住宅を選択する段階では，住宅の価格などが主な判断基準となる．日本においては，伊藤（2001）が大都市の郊外における戸建住宅所有世帯の居住地選択に関する意思決定過程を夫婦間の差異に着目して分析し，住宅情報や公的物件供給の地域的偏りが探索範囲を限定し，夫婦の就業地が探索範囲の決定に影響していることを明らかにしている．

　本研究は既往の研究を踏まえて以下のように研究を進める．まず，日本の住宅市場の特性から東京大都市圏のマンション市場の特徴を明らかにした後，東京都心部におけるマンション供給の変容過程を示す．その後，水戸市中心部および幕張新都心において事例研究を行う．事例研究においては，事例地区に立地するマンションの居住者の特性を示し，その上で現住地選択に関する意思決定過程を明らかにする．これらを踏まえて，マンション居住者の現住地選択過程の特性，マンション購入世帯の現住地選択に関する意思決定過程のモデル，そしてマンション供給と居住者の特性からみた東京大都市圏の居住地構造について議論する．

3　第1部の研究対象地域

　本研究の対象地域は，東京大都市圏とする（図1-3）．マンションは，都心中心部や鉄道駅周辺に立地する傾向がある．東京都心部から鉄道沿線に内陸の埼玉県方面および東京湾を囲んで千葉県や神奈川県に供給戸数の多い地域が密

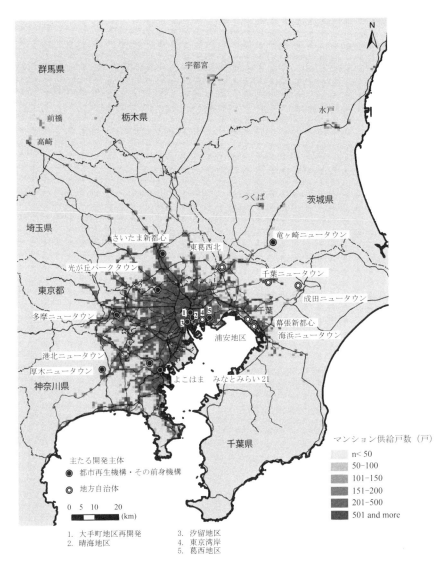

図1-3 東京大都市圏における主要な住宅地開発（1975～2007年）およびマンション供給戸数（2000～2007年）
（不動産経済研究所『全国マンション市場動向（2000～2007年）』，各自治体および都市再生機構の資料により作成）

集する。神奈川県方面では，川崎市，横浜市，横須賀市，鎌倉市，平塚市など広範囲にマンション密集地域が分布しており，横浜みなとみらい地区などの新開発地に加え，旧市街地の再開発によるマンション供給が進行したと考えられる。千葉県においては，舞浜市，船橋市，千葉市にマンション密集地域がみられJR京葉線沿線や総武線沿線などの新開発地が選好されている。また，千葉県内のマンション供給地は，神奈川県内の供給地と比較して東京都心部まで40km以内と近接した地区に集中している。

　供給戸数では東京都，神奈川県，千葉県，埼玉県には劣るものの，北関東におけるマンションの分布も顕著である。北関東におけるマンションの供給地域は，つくばエクスプレス沿線のつくば駅周辺や，県庁所在都市である水戸市，宇都宮市，前橋市などである。以下では，日本の住宅市場の特性と，マンション居住の特性について明らかにする。

2章 日本における住宅市場の変化とマンション居住の浸透過程

2-1 日本の住宅市場の概観

(1) 日本における住宅慣習

　1870年代に成立した「家制度」は，個人を家族という単位によって管理し，家督および家屋や土地を継承し維持していくシステムであった。家制度は，法的，経済的，社会的，文化的な制度であり，近代日本における社会構造の基盤となっている（岩上 2003）。家制度とは，武士階級の住宅慣習を基盤にした直系家族制によるものである。長子が家督や不動産を継承し，その他の子は本家を離れて分家として新たな家を形成する。長子以外は，他地域において就業先を見つけるために転出したが，この移動が農村地域から人口過密な大都市への人口移動を引き起こした。これらの家制度に基盤を持つ日本の住宅慣習は，家督の継承と住宅取得が密接に結びついたものであり，日本人の住宅所有意識を高める働きをした（Ronald 2004）。

　家制度は1947年に廃止されたが，家父長的な住宅慣習は，土地の所有や継承と家業が密接に結びついた農村地域を中心に現代においても確認することができる。加藤（2003）は，結婚後10年以上経過した夫婦の約30％が実家継承や親との同居を目的とした転居をしていることを明らかにした。これによって，現代における日本の家族制度は，実践的なレベルにおいては修正直系家族制が有力であることが示されている[3]。つまり，こうした旧来の住宅制度の影響が現代日本における居住地選択や住宅取得行動，住まい方に与える影響は，決して小さくはないのである。

(2) 第二次世界大戦後の住宅法整備による持家取得の推進

　第二次世界大戦後の日本の住宅市場は，終戦時に焼け野原になった国土での圧倒的な住宅不足から始まった。住宅財の不足や建設資金の不足も重なり，絶対的な住宅不足下で，不良住宅の供給がなされた。1950年代に入り，住宅関連法が整備されたことにより，戦後住宅不足への取り組みが本格化した。住宅金融公庫法（1950年），日本住宅公団法（1955年）など，現在の日本の住宅市場を形成する上で重要な法案が整備されている。高所得者層の住宅購入に向け，住宅金融公庫の融資が行われ，中産階級に対しては，日本住宅公団による大規模住宅団地の供給，賃貸住宅や公営住宅の整備が行われた（影山 2004 ; 社団法人住宅生産団体連合会 2002）。

　これらの住宅制度の整備が進む中で，住宅所有に対するイデオロギーは急速に強められることとなり（Hirayama and Ronald 2007），1960年代の前半までに日本人の住宅所有率は60％に達した（Ronald 2008）。1960年代以降都心部での地価高騰や住宅不足により加速度的に郊外での住宅地開発が進行した（長谷川 1997 ; 松原 1982）。郊外における住宅開発地は，経済成長によって急速に成長した中産階級層を受け入れる役割を担っていた。都心通勤者は，結婚や出産によって都心近郊に転出し，持家取得時に郊外での戸建住宅の購入へと向かった（川口 1997）。大都市圏の都心部に不動産資産を持たない非大都市圏出身者が郊外における戸建住宅の取得へ向かったとされており，郊外化が加速度的に進行した（谷 1997）。

　戸建住宅購入のための郊外への転出は，バブル経済期の土地価格高騰によってさらに拍車がかかり（社団法人住宅生産団体連合会 2002 ; Van Vliet and Hirayama 1994），郊外における戸建住宅購入は理想とさえみなされた（影山 2004）。一方で，マンションをはじめとする中高層の集合住宅は，戸建住宅を購入する以前の居住形態でいずれ転居するものとみなされていた。名古屋市の都心部におけるマンションの供給を明らかにした香川（1984）は，1970年代には若年世帯が短期的に居住するワンルームマンションが都心部に供給されたことを示している。永住形態としてのマンションが供給の主体となっていくのは，1980年代以降であった。

(3) ポスト郊外化期の住宅開発

バブル経済期以降に土地価格が下落したことによって，マンション供給が増加し，大都市都心部や地方都市中心部，郊外核などで急激な土地利用変化が起こった。これは，バブル経済崩壊後の長期的な経済後退への対策のため住宅開発を推進する政策が採られたことに加え，住宅取得者への税制優遇政策の実施や，住宅ローンの規制緩和による融資先の多様化によって，住宅購入へのハードルが下がったことが強く影響している（中澤 2006）。地価の下落によって駅と近接した魅力的なマンションが供給される一方，立地や価格の面で不利な住宅開発地は魅力を失いつつあり，住宅地間では明暗が分かれた（Hirayama 2005）。魅力的な住宅開発は，都心部や知名度のある都心近郊，地方都市中心部であるが，これらは1990年代後半以降のマンションを含む都市開発地区と密接に結びついている。

2-2 東京大都市圏における持家取得行動

表2-1は，1999～2003年に建設された所有住宅の数を示したものである。70％以上の世帯は，住宅の新建築もしくは新築住宅を購入することによって住宅を取得している。日本の住宅ストックの特性として「スクラップ・アンド・ビルド」，つまり古い住宅を取り壊して新築住宅を建てることによって住宅ストックを増やしてきたということが言われる。また，日本における中古住宅市

表 2-1　1990～2003年に建設された所有住宅の戸数

住宅取得方法	所有住宅の戸数	(%)
新築で建築（増改築除く）	1,255,600	38.4
新築の住宅を購入	1,130,200	34.6
増改築	739,600	22.6
中古住宅を購入	74,500	2.3
相続等	31,900	1.0
その他	36,300	1.1
小計	3,268,200	100.0

（総務省統計局「土地・住宅統計（2003）」より作成）

14　第1部　マンション居住の進展とその意義

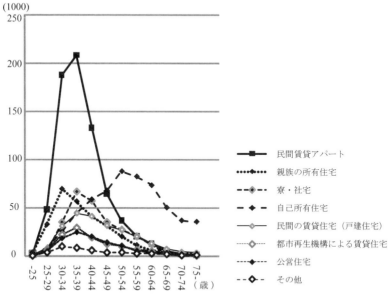

図 2-1　1990〜2003 年に建設された所有住宅の世帯主の年齢および前住地
（総務省統計局「土地・住宅統計（2003）」より作成）

場は，欧米と比較して活発でなく，大都市圏を中心に確認できる。

　図 2-1 が示す通り，住宅取得年齢の第一のピークは，30〜40 歳にみられる。この年代は，結婚や出産を迎える時期であり，住宅所有意欲が高まる年代である。また，住宅ローンを利用して住宅を購入する場合，退職までに 20 年以上のローンを支払い終えるためには，40 歳代までに住宅購入の意思決定をしなければならないことも影響している。住宅取得の第二のピークは，50〜60 歳にみられる。彼らの前住地が自己所有の戸建住宅であることから，退職金等を利用して子との同居や家屋の継承などのために住宅の建て替えや買い替えをする世帯が含まれる。ただし，不動産価値が居住年数とともに減少しやすい日本の住宅市場においては，リバース・モーゲージによる中高年層の住宅買い替えが導入されたものの定着しておらず，中高年層の移動率は欧米と比較して活発ではない（田原ほか 2003）。また，住宅の所有形態間の移動に着目した

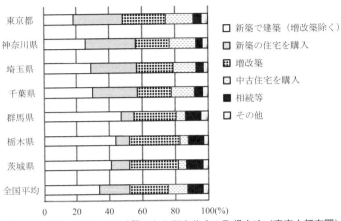

図 2-2 1990 ～ 2003 年に建設された所有住宅の取得方法（東京大都市圏）
（総務省統計局「土地・住宅統計（2003）」より作成）

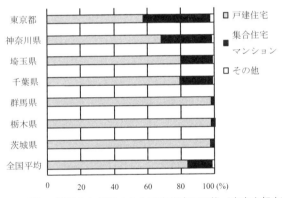

図 2-3 1990 ～ 2003 年に建設された所有住宅の形態（東京大都市圏）
（総務省統計局「土地・住宅統計（2003）」より作成）

Morrow-Jones（1988, 1989）によると，所有住宅間で転居するのは，比較的裕福な既婚カップルであるという．これらを踏まえると，日本において自己所有の戸建住宅から住宅を買い替えた中高年世帯は，比較的富裕層に限定されると考えられる．

　人口規模と住宅供給の関係についても触れておく必要があろう．東京大都市圏内の各都県における住宅の取得方法を示したのが図 2-2，取得住宅の形態を

示したのが図 2-3 である。近年の住宅開発の特性を踏まえてこれらの図をみると，関東地方の各府県は 3 つの地域に分類される。つまり東京都，東京通勤圏（神奈川県，埼玉県，千葉県），地方圏（群馬県，栃木県，茨城県）である。不動産価格が高い東京都においては，住宅の建て替えや中古住宅の購入，マンション形態の住宅の割合が他地域と比較して高い。他方で，新築の住宅，とくに新築の戸建住宅の割合は地方圏において日本全国平均よりも高い。東京通勤圏は，東京都と地方圏の中間的な特徴を示した。東京通勤圏には，住宅地としての競争力が高く魅力的な新開発地と，1960〜90年代に開発された郊外住宅地が混在している。魅力的な新開発地としては，新開発地である幕張新都心，横浜みなとみらい地区などが挙げられる。一方，1960〜90年代に開発された郊外住宅地では居住者の高齢化が懸念され，住宅地としての魅力が失われつつある（長沼ほか 2006；中澤ほか 2008）。

　地方圏においては新築戸建住宅への選好が著しく，マンションは新しい所有住宅の形態である。1990年代後半以降，全国的にマンション供給が増加したことによって地方都市の中心部においてもマンション供給が増加し，土地利用や住民構成に大きな変化がもたらされた。これにともなって，地方都市においてマンションに居住するという新たな居住文化がどのように受け入れられているのかは未だ解明されていない。一方，東京都と東京通勤圏においては，マンションに居住するという文化が浸透しており，1990年代後半以降のマンション供給増加に対して地方圏とは異なった対応がなされると考えられる。以下においては，マンション供給や居住者特性に関する研究蓄積をまとめる。

2-3　日本におけるマンション供給

（1）バブル経済期までのマンション供給

　1950年代後半から 1960年代前半にかけて供給された都心立地の「デラックスマンション」が，日本におけるマンション供給の始まりである。その後，マンション・ディベロッパーの戦略によって，マンション供給は，高級化と大衆化の 2 つの流れに分かれた。1972〜73年のマンション供給ブーム時に「郊外

マンション団地族」が取りざたされるようになった．公団住宅の登場以降，一般化してきた集合住宅の供給であるが，この時期を境に郊外においてもマンション供給が増加していった．また，この頃から地方圏においても広域中心都市の中心部などにマンションが供給されるようになった．1977～80年のマンション供給ブーム時には，供給物件が多様化し，都心立地の高級マンション，鉄道系企業によって供給された郊外における価格を抑えたマンションの開発など，各ディベロッパーの戦略によって供給地域が拡大した（松原1985）．

マンションは，大都市圏や広域中心都市を中心に供給されており，都市居住地域構造を分析する際の重要な指標となる．香川（1984，1990，1993）は，名古屋都心部および大阪30km圏において，マンションの立地を示し，マンションの容積率と価格によってセクター状の供給構造が見出されることを示した．大阪や名古屋圏の都心部では，永住可能な室数の多い核家族向けのマンション供給が1980年代以降から顕著になり，比較的早期から都心部が永住地にシフトしていたことが明らかにされている．1970～80年代における大阪圏都心部のマンションでは，壮年層の核家族がマンションを購入して居住しており，持家でのマンション居住者は大阪市内移動が卓越した（香川1988，1989）．

広域中心都市におけるマンション供給については，由井（1986，1987）が広島市における事例研究によって以下の特徴を明らかにした．1975～80年において人口減から人口増に転じたエリアのうち，特に広島市の都心1～2kmの範囲において分譲マンションが多く供給された．分譲マンション間でも，高級住宅地内の居住者は管理的職業従事者が多く，工業地帯付近に立地するものの居住者はブルーカラー従事者が多いなど，住宅のタイプと立地によるすみ分けが確認された．分譲マンション居住者は，居住空間の拡大要求が強いこと，都心立地への評価が高いことなどの居住地選択要因が明らかとされた．また，由井（1989）における福岡市での事例と合わせて，日本におけるマンション居住者の居住地選択においては，欧米ほど居住環境への評価が重要でないことも明らかとなった．また，福岡市におけるマンション供給に関しては，松原（1988），藤田（1988，1989）による実績があり，バブル経済期の地価高騰によって，マンション需給や人口推移に変化がみられたことが明らかとなった．

三大都市圏における1970年代〜1995年の土地利用変化を扱った富田（1996）によると，東京都心部においては，1990年代までに業務系土地利用が卓越した。住宅系としてマンションの供給もみられたが，バブル経済期にオフィス需要が増大したため，マンションが業務系に転用されることも多かった。大阪圏においては，1980年代のマンションなどの住宅系土地利用が増加し，1990年代には業務系の土地利用が増加した。名古屋圏では，東京・大阪と比較して業務系の割合は高くないものの，1980〜90年代に業務系の増大傾向がみられた。都市圏による差異はあるものの，バブル経済期の地価高騰期には，都心部は業務機能を中心とする空間に特化していったことが分かる。このような中で，住宅系の土地利用は郊外への外延化を余儀なくされ，都心におけるマンション供給は不動産投資目的のワンルームタイプなどに限定された。

（2）1990年代後半以降のマンション供給と都心回帰

バブル経済期の都心部における業務系土地利用の増大と人口減少傾向は，1995年以降に一変した（富田 2004）。1995年以降は，住宅系土地利用が増大し，東京都心3区では1996年以降人口が増加に転じた。マンション供給の増加にともなって，単身世帯を中心に都区内からの転入者が都心部のマンションに入居した。東京都中央区においては，2000年以降単身者用マンション供給が盛んであり，核家族向けマンションと戸数において同程度供給されていた。他方，大阪圏においては，単身用マンションの供給は核家族用マンションの供給に比べると少数であった。

矢部（2003）は，公共住宅とマンションの供給，鉄道の開通によって東京都心部における1990年代後半以降の人口回帰が引き起こされたとしている。つまり，公共住宅の建て替えにともなって，高齢世帯が港区に転入したことと，地価の下落にともなって分譲マンションの供給が増加し，単身者や夫婦のみの世帯の転入が引き起こされたことによる。また，宮澤・阿部（2005）は，公営住宅やマンションなどの多様な住宅供給によって，家族構成や社会階層の面で多様な世帯が東京都心部に転入したことを明らかにした。また，東京都心部においても，地区別に転入者の特性は異なり，多様な社会階層や家族構成の世帯

が流入したために，都心の居住地域構造に不均衡がもたらされたとしている。たとえば，居住面積が小さく販売価格が抑えられることから単身者向けのマンションの供給が増加したことで単身世帯の転入が促された。隅田川右岸，城南，城西地区では，地価は依然として高いことから，土地所有者が，マンション開発による短期的な資金回収よりも，賃貸住宅供給による長期的な資産運用を好む傾向があった。このようにして，東京都心部は，地区の地価や資産運用の方針などのよって，複雑な居住地域構造を示すようになった。

　地方都市においては，松岡（2000）が仙台市におけるマンションの立地と開発業者の特性を示した。仙台市においては，地元の開発業者よりも東京などに本社を持つ開発業者による開発が強まっており，東京本社の開発業者のブランド力が評価されている。また，1970年代以降仙台市におけるマンション供給は都心部への供給が主体であったものの，東京本社の開発業者が郊外におけるマンション需要を開拓したことによって，マンション居住が浸透したことが明らかとなった。また，札幌市におけるマンション供給を扱った香川（2007）は，札幌市においてマンションという居住形態が普遍化していることを明らかにし，この要因として豪雪地帯であるという気候条件から，冬季の除雪にかかる労力を考慮して戸建住宅よりもマンションが好まれる傾向があることを示した。京都市を扱った堀内（2009）は，地域属性によって，供給されるマンションの間取りや価格に差異がみられ，これが京都市内のマンション供給地域における微細な居住地構造の差異に貢献したことを明らかにした。

　以下においては，マンション居住者の特性を都市規模別に示し，これらの地区におけるマンション需要を明らかにする。

2-4　1990年代後半以降のマンション居住者特性

(1) 1990年代後半以降の大都市圏におけるマンション居住者

　東京都心に居住する世帯は，郊外に居住する世帯とは世帯構成や世帯内の性別分業の有無といった点で，郊外居住者とは大きく異なる（矢部 2003）。国土交通省が行った東京都心部のマンション居住者アンケート（2001，2003）によ

ると，世帯構成では，夫婦のみ世帯が 33.4%，中学生以下の子がいる核家族が 20.0%，単身女性が 19.5% であった。また，前住地は，同区内が 32.2%，都心 8 区以外の 23 区内が 31.3% であり，東京都区部内からの転入者が卓越した。江東区などの新開発地区を含むエリアでは，核家族世帯の転入が著しかったが，地価が依然として高かった城南・城西などでは，高所得者層の中高年世帯によるマンション購入がみられた。

単身女性による東京都心部のマンション購入に関しては，朝日建物によって単身世帯向けに Studio タイプのマンション供給が開始されたことが大きな転機であった（由井 2000）。1996 ～ 1999 年に供給した物件の約 7 割を単身女性が購入しており，単身女性の持家の第一次取得に寄与したとされる。マンションを購入した単身女性は，必ずしも高所得者層に限定されず，民間賃貸住宅よりも住宅の質が高いことや，バブル後のマンション価格の低下による割安感を評価してマンションを購入した。高所得者層ではない単身女性は，頭金として貯蓄金を利用し，月々の支払額を賃貸の家賃と同等に収めていた（由井 2003）。日本においては，単身女性の住宅ニーズに合った住宅ストックが限られており，都心への通勤利便性やセキュリティ意識を満たすためにマンション購入が選択されている（神谷ほか 2002）。賃貸住宅市場において，単身女性が居心地の悪さを感じることがある実態もマンション購入を後押ししているという（由井 2003）。若林ほか（2002）は，東京大都市圏に居住する 30 歳代単身女性の居住地選択について検討した。これによると，回答者の約 15% が分譲マンションに居住していたが，彼女達は高所得者であり，勤務時間が長いことから就業地への近接を求めていた。単身女性は，将来への備えとして住宅取得をとらえており，財産形成と老後の安心のためにマンション購入へと向かうという。しかし，ローンを組んで住宅購入できる層は未だに限られた層であるとしている。

大阪圏における事例研究では，都心と郊外のマンション居住者の特性が明らかにされた。大阪圏の都心部においては，夫婦のみ世帯，単身世帯，核家族世帯の順に多く，年代は 30 歳代と中高年が大半であった（富田 2005）。単身世帯では，女性が 62.3% を占め，単身男性よりも単身女性のほうがマンションを

購入して居住する意識が高い。前住地は，大阪都心5区が多いものの，近畿圏全体から転入している傾向があった。また，49.1％が定住を希望しており，都心部が定住地としてみなされていることがわかったが，30歳代に限定すると，転居希望を持つ世帯が35.7％にのぼった。

一方，大阪圏の周辺部においては，核家族世帯が約半数を占め，30～50歳代が大半であった（富田ほか2007）。大阪市内に通勤する世帯が大半を占めた。また，前住地は現住地の周辺地域であり，世帯形成時に郊外に転出した世帯がマンション購入をしていると推測され，マンションの買い替えも多数であった。定住意識を持つ世帯は61.9％にのぼり，実家継承などで実家への転居を予定する世帯は27.6％であった。大阪圏の郊外におけるマンション居住者は，世帯構成や年代，職業の点で均質的な特性が示された。

(2) 1990年代後半以降の地方都市におけるマンション居住者

仙台市都心部のマンション居住者の特性を示した榊原ほか（2003）によると，世帯構成は，核家族が39.1％，夫婦のみ世帯が27％，単身世帯が25.3％の順に多かった。仙台市内からの転入者が85％程度おり，その居住形態は，民間の賃貸住宅が22％，郊外の戸建住宅が14％であった。定住意識の点では，中高年世帯では定住意識を持つ者が大半である一方，若年層の過半数が転居を希望しており，郊外の戸建住宅購入を希望する世帯が約3割と多い。仙台市青葉区における事例では，単身世帯は29％，夫婦と子の核家族世帯が26.2％，夫婦のみ世帯が19.6％の順で多く，定住意識を持つ世帯は17.8％と少数であった（広瀬2000）。以上を踏まえると，仙台市においては，マンションは若年層にとっては第一次持家取得用として人気があり，戸建住宅志向が根強いといえる。

札幌市では，雪かきの負担を軽減したい高齢世帯にマンションが好まれている（香川2007）。しかし，都心に立地するマンションは，スーパーマーケットでの買い物などの日常生活の利便性の点で不利であり，居住者も不満を持っていた。

次に，地方都市における事例として，愛知県豊橋市における事例を示す（大塚2005）。豊橋市においては，戸建志向が強いことから分譲マンション供給が

少なく，中心市街地において狭小な土地しか供給されないことから賃貸住宅の供給が卓越していた。しかし，2001年以降中心市街地やその周辺でのマンション供給がなされた。豊橋市においては，中心部のマンション居住者は単身世帯，夫婦のみ世帯，核家族世帯の順に多くみられた。通勤利便性を重視する若年単身世帯は賃貸マンションに多く居住した。また，交通利便性を重視し，親との近居を志向する若年核家族世帯，交通および買い物利便性を重視する中年核家族世帯など，地方の中小規模の都市においてもマンションを志向する世帯が多いことが示された。岡山市を扱った香川(2005)や，四日市市を扱った大塚(2004)などもみられるものの，地方都市のマンション需要に関しては，依然として研究蓄積が少ない。新築戸建住宅への選好が著しいことや，地方都市の中心部の有する地域性をとらえた研究が待たれる。

(3) 事例地区の選定

1990年代後半以降にマンション供給がさかんであった地域は，東京都心部とその近郊，および地方都市の中心部である。北関東においては，県庁所在都市の中心部や，つくばエクスプレスなどの新線の主要駅であった。東京都心と近郊においては，東京都心部における多様なマンション供給がみられた。東京駅に近接した東京湾岸地区の新開発地区では，都心部よりは比較的安価で面積の広いマンション供給が，そして東京西郊においては比較的高級なマンション供給が広範囲に広がり，東京東郊においては一部の比較的高価なマンション供給と周辺の安価なマンション供給がみられた。

これらのマンション供給地区におけるマンション居住者の特性やマンション需要に関する研究においては，都市の規模によって，居住世帯の構成や居住地選好に差異がみられた。東京都心部においては，地区による差異が大きいものの，単身女性によるマンション購入の割合が大阪都心部と比較しても高く，裕福な中高年夫婦，共働き世帯などが多数であった。また，港区における夫婦世帯や核家族世帯は，性別分業を基本とした郊外における居住者像とは異なった傾向が確認され，東京都心部におけるマンション居住者の多様性が明らかとなった。他方，江東区の沿岸部など東京都が主体となって開発したエリアにお

いては，郊外におけるマンションと広さや価格の面で性格が似ていたため，社会階層の面で港区における家族世帯とは異なるものと考えられる。東京都心部においては，マンション市場が成熟しており，多様な住宅ニーズに対応したマンションが供給された。しかしながら，東京都心部において地価が下落したとはいえ，依然郊外や地方圏よりも高価であるため，都心マンション居住者は地方圏や郊外と比較して社会階層の面で異なる傾向を示していた。

　郊外におけるマンション居住者については，これまで戸建住宅を主とした住宅開発が進行してきたため，研究蓄積が限定的である。マンションにおいても世帯の均質性が示唆されたが，郊外におけるマンション開発は単に「安価で広い」というものだけなく，幕張新都心や横浜みなとみらい地区に代表されるように比較的高級で地区計画や景観などの面に嗜好を凝らした開発に移行してきている。これらの地区については，今後検討する価値が十分にあると考えられる。

　地方圏においては，広域中心都市における事例の蓄積が進んだ。広域中心都市の事例では，マンションは戸建住宅購入までの居住形態という位置づけがなされており，都心部が永住空間としてみなされているわけではない。また，各都市の気候条件などによってマンション需要の理由に差異がみられた。人口規模が大きな広域中心都市においては，マンション居住者の世帯構成や年代の面で多様性を内包しており，大都市圏の都心マンション居住者像と共通する部分もあるといえる。しかしながら，その他の県庁所在都市や，中小規模の地方都市における研究蓄積は限定的である。県庁所在地クラスの都市におけるマンション供給は，1990年代以降におけるマンション供給の大きな潮流の一つをなしており，日本における多くの地方都市を説明する上では，県庁所在地クラスの都市におけるマンション需要に対する調査は重要な貢献を果たすものと考えられる。

　以下においては，まず，東京都心部におけるマンション供給の多様化の実態を検討し，次に，東京大都市圏内の自立的な都市（水戸市）および都心近郊の新開発地（幕張ベイタウン）を事例としてマンション購入世帯の居住地選択を検討する。また，マンション需要を明らかにする上では，マンション居住者の特性を踏まえて，現住地選択に関して詳細に検証することが重要であるため，

マンション購入世帯の現住地選択に関する意思決定過程を明らかにする。以上を踏まえて，1990年代後半以降のマンション供給増加にともなう東京大都市圏における都心居住の実態を明らかにし，マンション供給からみた地域特性を考察する。

3章　東京都心部における 1990 年代以降のマンション供給の変化

　本章では，1990年代後半以降にマンション供給の増加により人口増加に転じた東京都心部におけるマンション供給の変容過程について，世帯の多様化やライフスタイルに対応して，供給者側が供給戦略を変化させていく様子に着目して明らかにする。

3-1　東京都心部における世帯の多様化

　東京都区部における 1980 年から 2005 年の世帯構成別の比率を示したのが図 3-1 である。夫婦と子からなる核家族世帯は減少を続け，単身での居住世帯（単独世帯）や夫婦のみの世帯が増加している。2005年においては，単独世帯が全体の 40％を超え，核家族世帯の比率は単身世帯の約半分となった。

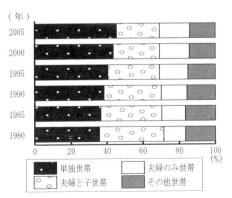

図 3-1　東京都区部における世帯構成の変化（1980 ～ 2005 年）
(国勢調査により作成)

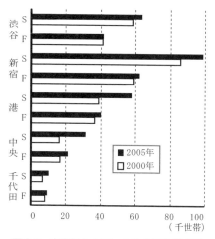

図 3-2 東京都心 5 区における世帯構成別の世帯数（2000・2005 年）
注：S は単独世帯，F は夫婦と子からなる世帯を表す。
（国勢調査により作成）

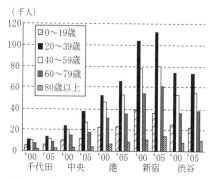

図 3-3 東京都心 5 区における年代別人口（2000・2005 年）
注：'00 は 2000 年，'05 は 2005 年を表す。
（国勢調査により作成）

　次に，2000 年と 2005 年で東京都心 5 区（千代田区，中央区，港区，新宿区，渋谷区）における居住世帯数を単独世帯と核家族世帯の別で示した図 3-2 をみると，単独・核家族ともに増加傾向にあるものの，特に単独世帯が増加している。なかでも中央区および港区，新宿区においては単独世帯の増加が顕著であった。

　また，同様に 2000 年，2005 年の都心 5 区における人口を年代別に示した図 3-3 をみると，渋谷区を除く 4 区において 20〜39 歳の増加が著しい。住宅・土地統計（総務省統計局 2003 年）によると，日本における住宅取得年齢のピークは 20〜30 歳代である。つまり，東京都心部においては，2000 年から 2005 年にかけて住宅購入年齢にある単身世帯の増加が顕著であった。東京都心部における住宅ストックの状況を考慮すると，この時期に転入した世帯は，賃貸住宅市場へ参入するだけでなく，中古マンションや新築マンションの購入に向かったものも多かったと考えられる。

3-2　東京都心部におけるマンション供給動向の変化

(1) 地図からみる都心部のマンション供給

　図 3-4 は，東京都区部におけるマンション供給戸数および平均 m² 単価の推移を示したものである。マンション供給戸数は，バブル経済後の全域的な地価の下落にともなって 1994 年頃から増加し始めた。1999 年から 2005 年にかけては，供給戸数が大幅に増加した。特に，1980 年代に地価の高騰が著しかった都心 5 区においては，マンションの供給戸数増加が顕著である。マンションの平均 m² 単価をみると，1998 〜 2006 年にかけては 60 〜 70 万円へと下落し，1990 年代前半までに東京都区部で住宅取得が困難であった世帯も都心部での住宅取得が可能になったと考えられる。

　不動産経済研究所の「全国マンション市場動向」を用いて，1993 〜 2010 年までの東京都心部におけるマンション供給動向の変化を検討する。ここでは，1993 年から 5 年間ごとの供給戸数（戸），平均 m² 単価（万円），平均面積（m²）を地図化したものを比較する。

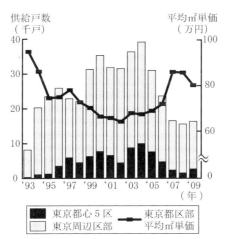

図 3-4　東京都区部におけるマンション供給戸数および平均 m² 単価の推移（1993 〜 2009 年）
注：東京周辺区部は，都心 5 区を除く 18 区を表す。
（不動産経済研究所『全国マンション市場動向（1993 〜 2009 年）』により作成）

まず，1993〜1998年の戸数（図3-5），平均m²単価（図3-6），平均面積（図3-7）をみると，この時期には都心部では高級で狭小なマンションが供給され，郊外では面積が広く比較的安価なものが供給されていたことがわかる。供給の範囲は価格の高騰を反映して広域に及んでおり，千葉県や埼玉県の鉄道沿線に供給地域の拡大が顕著である。

次に，1999〜2004年の戸数（図3-8），平均m²単価（図3-9），平均面積（図3-10）ではマンション価格の下落にともない，都心部での面積拡大が確認できる。また，1998年までと比較して千葉県・埼玉県方面の供給地域が都心に近付いていることもわかる。つまり，この時期には都心部でも比較的に割安なマンションの供給が可能になったため，都心部およびその近郊での供給に特化していった。

最後に，2005〜2009年の戸数（図3-11），平均m²単価（図3-12），平均面積（図3-13）をみると，マンション価格が再び上昇したものの，都心部でも面積の大

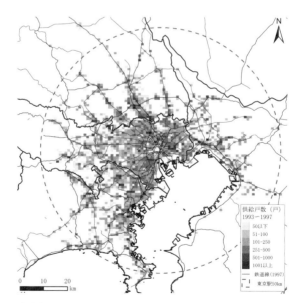

図3-5　東京都心部において供給されたマンションの戸数（1993〜1998年）
（不動産経済研究所『全国マンション市場動向（1993〜1998年）』より作成）

3章 東京都心部における1990年代以降のマンション供給の変化　29

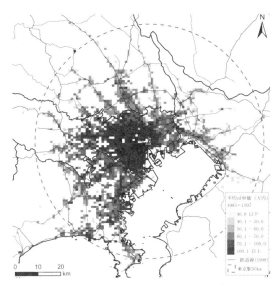

図3-6 東京都心部において供給されたマンションの平均㎡単価（1993〜1998年）
（不動産経済研究所『全国マンション市場動向（1993〜1998年）』より作成）

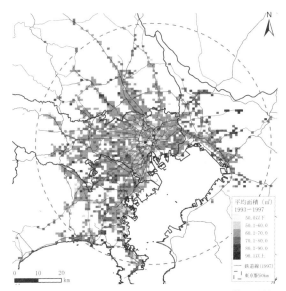

図3-7 東京都心部において供給されたマンションの平均面積（1993〜1998年）
（不動産経済研究所『全国マンション市場動向（1993〜1998年）』より作成）

30 第1部 マンション居住の進展とその意義

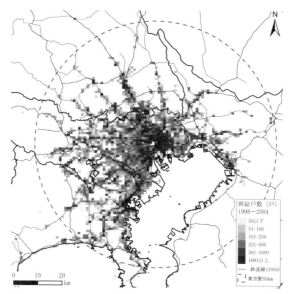

図3-8 東京都心部において供給されたマンションの戸数（1999〜2004年）
（不動産経済研究所『全国マンション市場動向（1999〜2004年）』より作成）

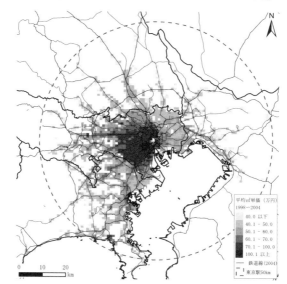

図3-9 東京都心部において供給されたマンションの平均㎡単価（1999〜2004年）
（不動産経済研究所『全国マンション市場動向（1999〜2004年)』より作成）

3章　東京都心部における1990年代以降のマンション供給の変化　31

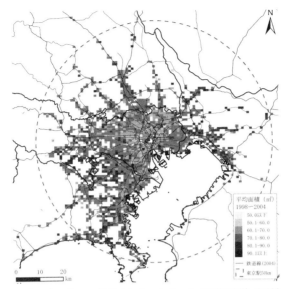

図3-10　東京都心部において供給されたマンションの平均面積（1999〜2004年）
（不動産経済研究所『全国マンション市場動向（1999〜2004年）』より作成）

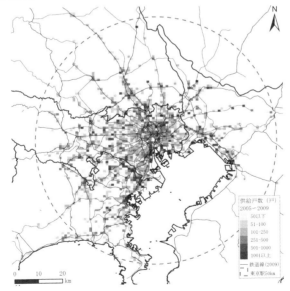

図3-11　東京都心部において供給されたマンションの戸数（2005〜2009年）
（不動産経済研究所『全国マンション市場動向（2005〜2009年）』より作成）

32　第1部　マンション居住の進展とその意義

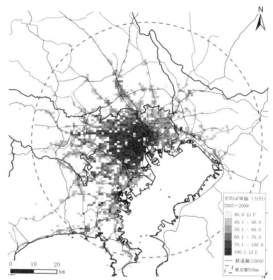

図 3-12　東京都心部において供給されたマンションの平均 m² 単価（2005 〜 2009 年）
（不動産経済研究所『全国マンション市場動向（2005 〜 2009 年）』より作成）

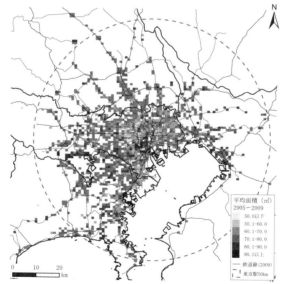

図 3-13　東京都心部において供給されたマンションの平均面積（2005 〜 2009 年）
（不動産経済研究所『全国マンション市場動向（2005 〜 2009 年）』より作成）

きなマンションが供給されている地区が多々確認されており，供給地の都心集中傾向がより顕著となった．特定の地区において大規模な超高層マンションの供給がなされたことによると考えられる．

(2) 住宅および金融政策の影響

住宅購入を取り巻く市況として住宅ローンの金利推移を検討する．図3-14は，住宅金融支援機構の基準金利およびフラット35を実施している主要な民間金融機関の金利推移を示したものである．2005年までは，住宅金融支援機構の基準金利は3.0%を下回り2003年には2.0%まで下落した．住宅ローンの金利が下がると支払金額が大幅に減少することから，2005年頃までは住宅を購入の意思決定が行われやすい状況であった．2006年以降は住宅金融支援機構の基準金利が上昇するものの，民間金融機関がフラット35のような長期的に支払金額を固定する制度を導入するようになったことから，住宅ローン利用者にとっては選択肢が広がった．

東京都心部でのマンション供給が増加し，都心居住が一般化するまでの過程

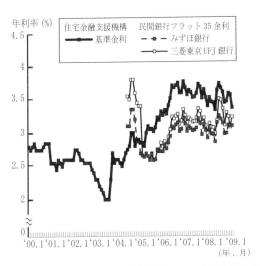

図3-14 住宅金融支援機構および主要民間金融機関(フラット35)の金利推移(2000〜2009年)
(住宅金融支援機構資料により作成)

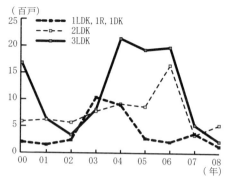

図 3-15　東京都心 5 区における主要な間取り別のメジャーセブンによる供給戸数の推移（2000 〜 2008 年）
　　　　（不動産経済研究所『全国マンション市場動向』により作成）

には，マンション供給動向の変化が確認された。たとえば，主要なマンション供給会社であるメジャーセブン[4]が 2000 年代に都心部において供給した物件を間取り別でみてみると（図 3-15），2002 〜 2004 年頃までは 1LDK の増加が著しい。一方で，2004 年頃からは 2LDK や 3LDK が増加している。これは，前者がコンパクトマンション，後者がタワーマンションのブームと一致する。そこで，以下ではこれらの供給動向を整理する。

3-3　単独世帯の増加とコンパクトマンション

(1) 単身女性のマンション購入

　都心居住のアクターとして注目されたのは，単身女性であった。1990 年代後半には，単身女性の住宅ニーズに応える形でコンパクトマンションの供給が増加した。コンパクトマンションの購入者は，単身女性が多い傾向がある。日本経済新聞の記事によると（2010 年 3 月 26 日；35 面 12 版），藤和不動産が文京区において 2009 年末から分譲を開始したコンパクトマンションの購入者の約 8 割は 30 〜 40 歳代の単身女性であるという。なお，「コンパクトマンション」は，『大辞林第二版（三省堂）』によると「世帯当たりの専有面積が 30 〜 50m^2

程度のマンション。ワンルームと家族向けの中間であるような物件をさす。」とされている。ワンルームマンションは同じく「各戸が一部屋だけの集合住宅。」と定義されているが，一般には世帯当たりの専有面積が 18 〜 20m² 程度で，投資用として購入されることが多く，単身者の賃貸居住用や小規模なオフィスとして利用される傾向がある。本研究においては，ワンルームと家族向けを除く，専有面積が 20m² 以上 60m² 未満のものをコンパクトマンションとして分析を進める。コンパクトマンションは，ワンルームマンションや賃貸集合住宅と比較して，キッチンや水回りなどが充実しており，居住性の高いマンションである。また，超高層マンションは，25 階以上の区分所有住宅を指す。

当初は中小のマンション供給者がコンパクトマンションの販売を行っていたが，2000 年代に入ると大手供給者もコンパクトマンションの供給を開始した。彼らは，コンパクトマンションに特化したマンションブランド[5]を設けて単身女性の住宅ニーズに合致した商品を販売していった。先述の通り，東京都心部においては住宅購入の適齢期にある単独世帯の増加が顕著であり，これらの層にアピールできるマンションの供給が急務となったのである。たとえば，三井不動産レジデンシャルは「Park Luxe」というブランドを発表し，高級で上質な都心居住のイメージを打ち出している。また，東急不動産は，同様に「QUALIA」を発表している。これらは当初は単身女性の住宅ニーズに応えるものであったが，都心居住が普及してくるにつれて単身男性や DINKs 世帯などもその対象としていった。

コンパクトマンションの購入年齢に関して，由井（2003）は，1998 〜 1999 年に公表された民間のマンション購入者に関するデータから，単独世帯によるマンション購入は 20 歳代後半〜 30 歳代で顕著であるが，その大半を 30 歳代が占めることを明らかにした。さらに，メジャーセブンへのインタビュー調査においては，コンパクトマンションの購入者は男女ともに 30 歳代〜 40 歳代前半が最も多い傾向があることが確認されている。また，同じインタビュー調査から，コンパクトマンションを購入した単身女性は，年収が 500 〜 700 万円程度あり，購入資金の 20％程度の貯蓄を有している傾向があることが明らかとなった。貯蓄の一部を住宅購入資金に充て住宅ローンの利用額を低く抑えるた

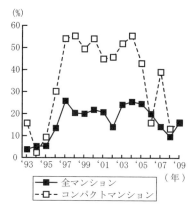

図 3-16　東京都区部におけるマンション供給戸数に占める都心 5 区における供給戸数の割合推移（1993～2009 年）
注：コンパクトマンションの戸数は，各分譲時期に供給されたマンションの専有面積について，最小が 20m^2 以上かつ最大が 60m^2 未満であるものを抽出し集計したものである。
（不動産経済研究所『全国マンション市場動向（1993～2009 年）』により作成）

め，貯蓄額の多い 30～40 歳代の女性にとってマンションを購入することは比較的容易であった。

　東京都区部におけるマンション供給のうち都心 5 区の占める割合をコンパクトマンションと全マンションで比較した図 3-16 をみると，全マンションの都心 5 区における供給割合は 1993～1995 年には 10％を下回り，その後は 15～30％で推移している。一方でコンパクトマンションは都心 5 区における供給割合が高く，特に 1997～2005 年には都心 5 区における供給割合が約 40～60％を占める。その後は，都心 5 区以外での供給も増加し，供給地域が拡大している。このことから，コンパクトマンションは，1990 年代後半以降の東京都心部におけるマンション供給の増加に大きく貢献したと考えられる。

（2）都心居住の浸透と供給の多様化

　メジャーセブンへのインタビューによると，都心部でのコンパクトマンションの供給が継続する中で，2005 年頃からは「ライフスタイル」として都心居住が受け入れられるようになったという。コンパクトマンションを主体にした

物件内に，3LDKなど核家族での居住が可能な間取りを混在させて販売したところ好評であった。このことから，メジャーセブンの企画担当者は核家族世帯にも都心部が居住空間として認識されてきたと判断し，核家族に向けた都心立地型マンションの企画を開始した。

ファミリー向け物件の増加には，2004年頃から供給が増加した超高層マンションの影響が大きい。これらの多くは，東京特別区部で供給されており，特に都心湾岸部での供給が顕著である。超高層マンションには，多様な間取り，価格の住戸が含まれるため，居住者の世帯構成や年齢，収入などの特性も多様である。

(3) 他都市におけるコンパクトマンションの供給動向

日本におけるコンパクトマンションの供給は，東京・京阪神・福岡の各都市圏が中心地となっている。首都圏においては，2002〜2005年においてその増加が著しかったが，福岡都市圏においても近年増加が顕著である。首都圏・近畿圏・福岡県内におけるマンション供給戸数に占めるコンパクトマンション供給戸数の割合推移をみると（図3-17），首都圏・近畿圏においては2000年以降安定して比率が増加しているが，福岡県における比率の上昇が著しい。

東京大都市圏において，大手の不動産業者がコンパクトマンションの供給を開始したことで供給戸数が増加し，供給地域や価格などの多様化が進んだことと対照的に，京阪神都市圏においては大手業者による供給は少なく，地元不動産業者による供給が多数であった。供給地は，大阪市を中心に，京都市，神戸市とその周辺で単身世帯や夫婦のみ世帯を対象としたと考えられるコンパクトマンションの供給があった。

福岡都市圏は，従来から転勤者向け賃貸マンションの需要を反映して，投資用としてのコンパクトマンション供給が盛んであった。福岡市中心部では，地元業者による供給が顕著である。

東京大都市圏においては，単独世帯の増加を背景にコンパクトマンションの需要が顕在化していた。そのため，供給戸数は2000年代にも堅調な増加傾向にあり，東京都心部における立地を反映した比較的高価格な物件の供給がなさ

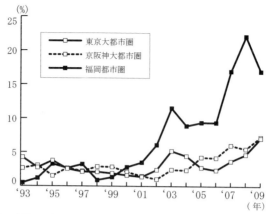

図 3-17 首都圏・近畿圏・福岡県におけるマンション供給総戸数に占めるコンパクトマンション戸数の推移（1993 〜 2009 年）
（不動産経済研究所『全国マンション市場動向（1993 〜 2009 年)』により作成）

れてきた。一方，京阪神大都市圏や福岡都市圏においては，必ずしも単独世帯による住宅購入の選択肢としてコンパクトマンションが機能しているとは言い切れない。大阪市においては，単独世帯の増加地域や単独世帯率の高い地域におけるコンパクトマンションの供給が確認されるものの，他都市ではコンパクトマンションの供給地域と単身女性の分布地域は必ずしも一致していないことから，単身女性によるコンパクトマンション購入が顕在化しているとは考えにくい。

　コンパクトマンションの供給は，すべての都市圏において確認できるわけではない。特に地方都市圏においては，都市中心部の 60m^2 以上のマンションであっても東京大都市圏ほど高額な分譲価格とはならないために，単独世帯であってもファミリー向けのマンションを購入している可能性も否定できない。しかし，地価の高い大都市圏の都心部においては，増加する単独世帯の住宅ニーズの受け皿としてコンパクトマンションが重要な役割を担っていることは明らかである。

3-4　2000年代における東京都心部での超高層マンションの供給

(1) 容積率緩和による供給増加

　東京都心部において2000年代に超高層マンションの供給が増加した背景には，先述の通り都心居住志向の高まりが重要であるが，これに加えて建築基準や都市計画に関する規制緩和，長期的な住宅ローン制度の充実など住宅制度上の影響も大きい。容積率緩和の動きは市街地整備や公共施設用地確保のために1960年代から確認されている。たとえば，1970年の総合設計制度により，敷地内に一定以上の空地を有する建築計画には容積率緩和が認められている。

　さらに，規制緩和の動きが加速する1990年代以降は超高層マンションの建設に不可欠な，容積率の緩和策が複数導入されるようになった。まず，都心居住を推進するため，1990年に用途別容積型地区計画，1997年に高度住居誘導地区を誘導して都心部における住宅系開発の容積率を緩和した。2000年代に入ると再開発促進区（改正）や高度利用型地区計画，都市再生特別地区などを設けての都市部における土地の高度利用を目的とした容積率の緩和が進められた。これらに容積率移転策も加わり，都心部における超高層マンションの開発ラッシュが引き起こされたのである。

(2) 超高層マンションの供給地

　東京都における超高層マンションの供給戸数の推移（2000〜2009年）をみると（図3-18），2000年代中期から供給戸数が大きく延びていること，さらにその供給地は特別区部に集中していることがわかる。また，東京特別区部の区別・年次別に超高層マンションの供給戸数を示した図3-19によると，隅田川沿いの地域（墨田区や荒川区など），駅周辺の再開発事業が行われた豊島区・品川区・大田区など，さらに中央区・港区・江東区などの東京湾岸地域などに，集中地域を確認することができる。

　東京湾岸地域において町丁字レベルで超高層マンションの分布と間取りを示したのが図3-20である。超高層マンションの間取りをみると，コンパクトやファミリー物件のミックス型が多いものの，東京湾の埋立地にあたる佃，東雲

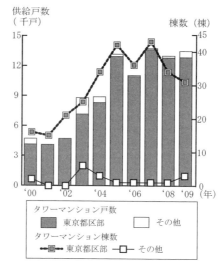

図3-18 東京都における超高層マンションの供給戸数（2000〜2009年）
（不動産経済研究所『全国マンション市場動向』により作成）

や豊洲，晴海，新砂などでは，ファミリー向け物件のみを販売した時期も多い。

豊洲では，工業機能の移転によりまとまった土地を得ることができたため，三井不動産がマンションと商業施設（ららぽーと豊洲）の一体開発を行ったことが超高層マンション・ブームのきっかけとなった。販売価格は東京大都市圏の平均価格に近く，都心部にありながら比較的安価であった。これは，従前の土地利用が工業用地であり住宅地として良好な地域イメージを打ち出しにくい場所であることや，豊洲地区でのマンション供給の初期に分譲されたために販売予測がしにくかったことなどが影響したと考えられる（小泉ほか2011）。しかし，本物件の販売以降，豊洲地区におけるマンション販売価格は急激に上昇している。

豊洲の景観をみると（写真3-1），道路が整備され自家用車の利用にも便利な地域であることがわかる。また，敷地内には，緑地や空地が設けられ，タワー型のほか中高層のマンションも販売されている。これにより，敷地内に多様な価格・間取りの物件を混在させることができ幅広い世帯にアピールすることが

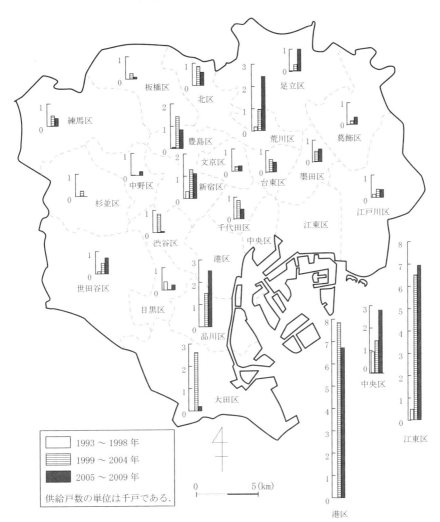

図 3-19　東京都区部における超高層マンションの供給戸数推移（1993 ～ 2009 年）
（不動産経済研究所『「全国マンション市場動向』により作成）

できる。また，緑地や空地を設けることで容積率の緩和が受けられるため，タワー型マンションの建設が可能になる。

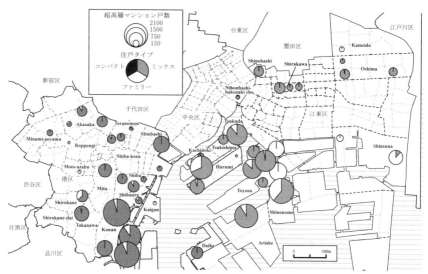

図 3-20　中央・港・江東区において供給された超高層マンションの戸数と住戸タイプ（1993〜2009年）
注：ファミリータイプは，各販売時期に供給された住戸がすべて 60 ㎡以上であったものを表す。コンパクトタイプは同様に 60 ㎡未満のみであったもの，ミックスタイプはそれらの混在型を表す。
（不動産経済研究所『全国マンション市場動向』により作成）

写真 3-1　江東区豊洲におけるタワーマンションの様子
（2010 年久保撮影）

(3) 住民の特性

　超高層マンションは，ステイタス・シンボルとしてとらえられる傾向があるため，マンション内部には居住者用のジムやプール，高級感のあるエントランスやカフェ，バー，コンシェルジュ・サービス，子育てルームなどの共用設備が設けられている。また，近隣には公園が整備されており，子育て期のファミリー層のニーズを取り込む工夫がなされている。商業施設に近接していることなども相まって，工業用地であったというネガティブな地域イメージは完全に払拭されているといっても過言ではない。

　次に，タワーマンション居住者の特性を検討する。江東区豊洲地区の超高層マンション居住者は，比較的高所得な世帯が多いものの，世帯構成や年代は多様であり，さらに東京都内からの転居者が多い傾向にある（小泉ほか 2011）。若年世帯では夫婦共働きが多く，中高年世帯の場合，配偶者は主婦である世帯が多数であった。前住地でも，中高年世帯では郊外の持家を売却して豊洲のマンションへ転入したものもあり，「都心回帰」のケースもあった。しかし，大半の世帯は東京都内からの転入であるため，都心部での住み替えが顕著であった。

3-5　本章のまとめ　－都心居住とマンション供給

　本章では，東京都心部におけるマンション供給の多様化の過程を，世帯構成やライフスタイルの多様化にともなうマンション供給戦略の変化に着目して分析した。東京都心部において都心居住が浸透した要因は，以下のようにまとめられる。

　まず，都心部における超高層マンションの供給を促すような，容積率緩和などの都市計画上の規制緩和が進んだことである。住宅購入を容易にするような金融上の政策等も影響している。

　次に，マンション供給者の供給戦略の変化があげられる。これは，都心部で特に顕著である世帯やライフスタイルの多様化に応じて，供給者の販売戦略を変化させていったことを指す。これにより，都心部で単身女性向けのコンパク

トマンション供給，都心部でもファミリー世帯を取り込めるタワーマンションの供給などがブームとなっていった。

　さらに，都心居住志向が強まったことが挙げられる。これは，社会経済状況の変化により郊外の戸建住宅への選好がかつてほど強くなくなってきたことが要因である。たとえば，女性の社会進出が進む中で，結婚・出産後も就業を継続したい女性が増加しており，通勤時間を短縮し，家事や子育てのサービスを得やすい地域への選好が強まったことが影響している。また，結婚や出産を機に離職した場合でも，都心部では事務職やサービス業でのパートタイム就業の機会が得やすいこともある。

　また，雇用状況の変化により相対的に不安定な立場におかれている現代の若年世帯にとって，郊外の戸建住宅購入は「割りに合わない」選択肢になりつつあるのかもしれない。長時間通勤に耐えて郊外住宅地に居住するも，夫婦共働きで都心のマンションに住む方が合理的であると考える者も増えつつある。また，ライフスタイルや働き方が多様化する現代では，戸建住宅よりも流動性が高いマンションが好まれるのも無理はない。

　以上のように，住宅および金融制度上の変化，マンション供給者の供給戦略の多様化，社会経済状況に連動した居住選好の変化などが都心居住を促してきた。郊外化から都心居住へという流れは一時のブームを経て一般化してきている。今後，東京を始めとする大都市圏の居住地域構造がどのような変化を遂げていくのか，またそれによって人々の住まい方がどう変わっていくのか，今後も継続的に注視していきたい。

4章 水戸市中心部におけるマンション購入世帯の現住地選択に関する意思決定過程

4-1 本章の課題

(1) 研究目的と研究方法

　本章においては,地方都市中心部のマンションに居住する世帯の現住地への転居に関する意思決定過程を明らかにすることを目的とする。

　本章では,既往の研究を参考にして,次のように分析を進める。まず,居住世帯の特性[6]を明らかにするため,アンケート調査を行い,世帯の類型化を行う。さらに,類型別に居住世帯の現住地選択の直接的要因と居住経歴を示す。聞き取り調査によってより詳細な情報を得たそれぞれの世帯について,現住地の選択に関する意思決定過程において重要な役割を果たした要因を示し,各類型の意思決定過程を比較検討する。以上を踏まえ,マンション購入世帯の現住地の選択に関する意思決定過程のパターン化および重視される要因について考察を行う。

　なお,本章では,一般にマンションと呼ばれる集合住宅のうち,6階以上の高層のもので,主に分譲用に供給されたものを対象とする。アンケート調査では,前住地およびその居住形態,世帯属性について,世帯主または配偶者に回答を求めた。対象地区内に立地し,マンション管理組合または自治会の協力を得られた5棟の全戸にあたる591戸にアンケート用紙を配布し,23.5%にあたる139世帯から回答を得た。有効回答数は135で,そのうちマンション購入世帯は121世帯であり,これを分析に用いる。アンケートの配布は2005年8月から9月にかけて行い,順次回収した。さらに,より詳細で個人的な居住経歴や家族関係,現住地選択の意思決定過程を問うため,アンケートの回答者のうち,39世帯に対して,聞き取り調査を行った。

本章で対象としたマンションは，水戸駅北部の市街地に立地する3棟と，水戸駅南口に近接する2棟である。いずれも水戸駅から徒歩10分以内の都市中心部に位置している。駅北部に立地するマンションは，間取りが多様で価格幅が広く，投資用や事務所としての利用がなされるマンションもみられる。駅南部に立地するマンションは，3LDKや4LDKの間取りが中心であり，主に居住用として利用されている。水戸駅周辺で主要国道に近接するマンションは，上述のいずれかの特徴を有する[7]ため，これらのマンションも対象とした。

(2) 研究対象地域の概要

研究対象地域は，茨城県の県庁所在地である水戸市である（図4-1）。2005年の国勢調査によると，人口は26万2,532人である。水戸市の中心市街地は

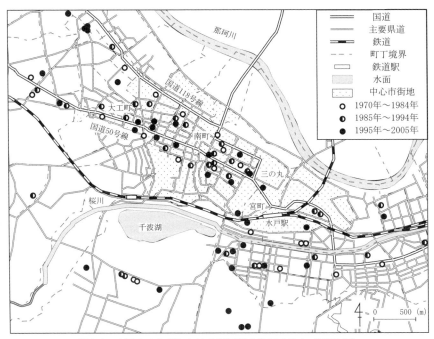

図4-1　水戸市中心部における高層集合住宅の分布（2005年）
（水戸市建築確認申請および現地調査により作成）

写真 4-1 水戸市中心部の景観
左：JR 水戸駅前の景観　右：国道 50 号線沿線の景観
（2005 年久保撮影）

那珂川と千波湖，桜川に挟まれた洪積台地上にあり，水戸駅周辺から国道 50 号線に沿って大工町までの約 2km に及ぶ（写真 4-1）。

水戸市中心部のマンションの多くは，市街地でも特に，千波湖に面した高台側に立地する。水戸駅南部は，千波湖の埋立地であることから居住地としての利用は少なかったが，1990 年代後半から業務機能の郊外移転が盛んになり，駅周辺の再開発が行われたためマンションが立地するようになった。

4-2　水戸市中心部におけるマンション居住世帯の特性

（1）居住世帯の類型

Morrow-Jones（1988，1989）は，ライフステージの進行に伴い転居が起こるとし，特に結婚や世帯の成長，退職などが重要であると示している。さらに，ライフステージの進行と世帯構成，世帯の経済状況によって住宅の所有形態間移動が説明できるとしている。また，世帯構成や年齢によって居住地選択の際に重要視される要因がことなる傾向が示されている。シングル女性では，親族との近居志向やイデオロギーの投影としての住宅購入傾向がみられる（由井 2000；影山 2004）。高齢世帯では，子との関係が居住地選択に影響する（平井 1999）。世帯構成およびライフステージの段階によって居住地選択の要因に差異がみられることを踏まえ，これらによって世帯を類型化し居住地選択に関す

表4-1 水戸市中心部におけるマンション居住者の世帯構成（2005年）

（単位：世帯）

世帯類型	世帯構成	アンケート回答世帯数
ファミリー世帯	夫婦のみ	23
	夫婦＋子（就学期以下）	44
	単身＋子	1
シングル世帯	単身（就業中）	17
	単身（定年退職後）	3
中高年夫婦世帯	（就業中）	
	夫婦のみ（子離家後）	14
	単身（子離家後）	4
	（定年退職後）	
	夫婦のみ	2
	夫婦のみ（子離家後）	6
	単身（配偶者死別）	7
計		121

（アンケート調査により作成）

る意思決定過程の分析を行う。

　本章では，アンケート調査結果が得られた121世帯を，世帯構成を基にファミリー世帯，シングル世帯，中高年夫婦世帯に区分した（表4-1）。

　まず，就労期の夫婦のみ世帯と子育て期にある世帯をファミリー世帯（68世帯）とする。彼らの居住地選択には，結婚以後のライフイベントによる住宅へのニーズが影響を与えると思われる。鄭（2002）は，韓国における郊外居住者のライフイベントに伴う移動について，世帯形成期と世帯成長期に分けて分析しており，子の有無による差異も十分に考えられる。しかし，アンケート回答世帯のうち，より詳細な聞き取り調査において，子がいないのは7世帯であり，そのうち4世帯は将来的な子の誕生も視野に入れて選択を行っていたため，ここでは同じ類型として扱った。68世帯のうち6世帯が以前に住宅購入の経験があるが，大半は現住のマンション購入が初めての住宅購入である。

　次に，シングル世帯は20であるが，主として50歳以上の中高年齢層からなる世帯である。結婚を経験していないシングルの世帯（19世帯）は，すべて住宅購入が初めてであった。

表 4-2　水戸市中心部におけるマンション居住者の就業特性（2005 年）

1）世帯主（単位：世帯）

就業地	会社員			公務員			自営業			その他			無職			合計
	A	B	C	A	B	C	A	B	C	A	B	C	A	B	C	
水戸市	13	3	1	6	3	1	4	0	5	4	1	1	0	0	0	42
茨城県	24	5	6	2	1	2	0	0	0	2	0	0	0	0	0	42
東京都	1	1	1	0	0	0	0	0	0	1	1	0	0	0	0	5
その他	2	1	0	0	0	0	0	0	1	0	0	0	0	17	10	31
不明	1	0	0	0	0	0	0	0	0	0	0	0	0	0	0	1
合計	41	10	8	8	4	3	4	0	6	7	2	1	0	17	10	121

2）配偶者

就業地	会社員		公務員		自営業		その他		専業主婦		合計	
	A	C	A	C	A	C	A	C	A	C	A	C
水戸市	3	0	2	1	3	2	8	2	0	0	16	5
茨城県	1	0	0	0	0	0	2	0	0	0	3	0
東京都	3	0	1	0	0	0	1	0	0	0	5	0
その他	1	0	0	0	0	0	0	0	43	17	44	17
不明	0	0	0	0	0	0	0	0	0	0	0	0
合計	8	0	3	1	3	2	11	2	43	17	68	22

注：A はファミリー世帯，B はシングル世帯，C は中高年夫婦世帯をさす．
（アンケート調査により作成）

　最後に，子の離家後に夫婦のみで生活を送る世帯と，定年退職前後に新たに住宅購入した夫婦世帯を中高年夫婦世帯（33 世帯）とする．なお，現住地への転居時にこれらの世帯構成であったものの，現在は配偶者との死別などにより単身である世帯も含む．田原ほか（2003）は，定年退職前後に移動率が高まることを指摘している．子の離家後の移動に関しても，世帯主の年齢が定年退職期に近くなるため，定年退職を控えた移動と類似の傾向が認められると考えられる．以前に住宅の購入経験があったのは 20 世帯あり，これは当類型の 60％を占める．

　世帯主の就業地については，69％にあたる 84 世帯が茨城県内である（表4-2）．配偶者は，専業主婦となっているのが 60 世帯で，就業しているのは 29世帯である．

　前住地についてみると，茨城県内から転入したものが 107 世帯と大半を占め

表 4-3 水戸市中心部におけるマンション居住者の前住地および前住地の居住形態 (2005 年)

(単位:世帯)

前住地	賃貸住宅		寮・給与住宅	所有住宅		その他	合計
	戸建住宅	集合住宅		戸建住宅	集合住宅		
水戸市	3	27	7	14	7	0	58
日立市	0	3	8	0	0	1	12
ひたちなか市	0	8	7	1	0	0	16
その他茨城県内	0	6	3	9	2	1	21
関東地方	0	7	1	0	0	0	8
その他	0	0	1	2	0	0	3
不明	0	0	0	0	0	3	3
計	3	51	27	26	9	5	121

注:「関東地方」は,茨城県内を除く。
(アンケート調査により作成)

る(表 4-3)。なかでも水戸市内からの転入が全体の約半数にあたる 58 世帯である。前住地の居住形態をみると,賃貸集合住宅が 51 世帯,寮・給与住宅が 27 世帯で,合わせると全体の 65% を占めている。このことから,大半は市内からの住宅購入を目的とした住み替え移動であることがわかる。自己所有の戸建住宅から移動した世帯は 26 であり,これらの大半は定年退職後の世帯であった。

(2) 世帯類型別の現住地選択要因

図 4-2 に世帯類型別に現住地選択の際に重視した項目を示した。3 類型に共通する項目として,「マンションの価値・設備」や「防犯」などのマンション自体への評価が挙げられている。マンションの不動産価値の高さは将来的な賃貸や売買のしやすさにもつながるため,マンションを居住形態として選択するうえで重要である。ファミリー世帯とシングル世帯が強く評価するのは,「住宅所有への意思」と「プライバシーの確保」である。これは,ライフステージの進行や加齢により,住宅を所有したいという意識が強まったことを示していると考えられる。

次に,ファミリー世帯と中高年夫婦世帯に共通して重視されているのが,「利

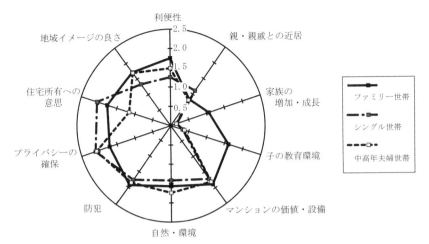

図 4-2　水戸市中心部におけるマンション居住者の類型別の現住地選択要因（2005年）
注：得点は，アンケートにおいて「とても重視した：4」「重視した：3」「あまり考えなかった：2」「全く考えなかった（当てはまらない）：1」の4段階で評価したものを，類型別に平均化したもの。なお，「無回答：0」とした。
（アンケート調査により作成）

便性」と「地域イメージの良さ」である。これは，水戸駅周辺は利便性が高く，歴史・教育などの点で優れた施設が集積しているためである。

　類型ごとに特有の重要項目を挙げると，まず，ファミリー世帯では「家族の増加・成長」，「子の教育環境」という世帯の成長に伴い考慮すべき項目を重視する傾向が他類型より相対的に強い。シングル世帯では，相対的に「親や親戚との近居」の重要度が高い。中高年夫婦世帯は，「自然・環境」など住環境への関心が高い。

　各類型の現住マンションへの永住意識を示した図 4-3 からは，まず，中高年夫婦世帯では永住意識が高く，「終の棲家」とみなしていることがわかる。転居予定とする中高年夫婦世帯は，健康状態などに対応して子との同居や施設への移動を視野にいれているとの回答であった。ファミリー世帯の半数は未定であるが，転居予定世帯のうち 11 が実家の継承のため転居の可能性があるとしている。永住意識があるのは 20 世帯に満たない。シングル世帯の永住意識は

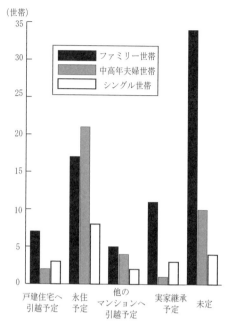

図4-3 水戸市中心部におけるマンション居住者の現住地への永住意識（2005年）
注：複数回答による。
（アンケート調査により作成）

高い傾向にある。

（3）世帯主の居住経験

　世帯主のライフイベントごとの居住地を示した図4-4をみると，世帯主の多くは，出世時には茨城県を含む関東地方に居住していた。就職時は茨城県内に居住した世帯が多い。結婚時には水戸市に居住するようになった世帯が増えるが，これは結婚を期に現在居住しているマンションへ転居した世帯が多いためである。茨城県内には，日立製作所をはじめとする大企業が立地するため，高学歴者が主として関東地方から転入する。そのため，就業時に茨城県内に転居し，住宅購入時に水戸市内へ転居する世帯が全体の4割程度に上る。

4章 水戸市中心部におけるマンション購入世帯の現住地選択に関する意思決定過程   53

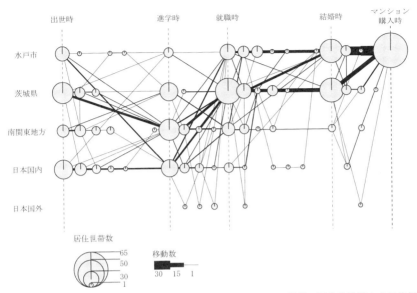

図4-4 水戸市中心部におけるマンション居住者のファミリー世帯に属する世帯主の居住経歴（2005年）
注：「茨城県」は，水戸市内を除く茨城県内をさす．
　　「日本国内」は，茨城県内および南関東地方を除く日本国内をさす．
　　ライフイベントにおける居住世帯数は，全世帯の居住地を表し，ライフイベント間の居住世帯数は，ライフイベントの間に転居をした世帯のみをライフイベント後の転居の回数ごとに集計したものである．
　　　　　　　　　　　（アンケート調査により作成）

4-3 水戸市中心部におけるマンション購入世帯の現住地選択に関する意思決定過程

　表4-4は，聞き取り対象世帯の世帯構成および年齢，転居の動機，前住地および意思決定過程を示したものである．世帯構成およびライフステージの進行に伴い，居住地選択において重要視される要因に差異があることを踏まえ，世帯類型別に重要である項目を付け加えた．ファミリー世帯では，転居の可能性と実家継承の可能性を加えた．シングル世帯では，転居の可能性や転居意志の有無，中高年夫婦世帯には，居住経歴を示した．なお，ファミリー世帯のうち，

表 4-4 水戸市中心部におけるインタビュー調査対象者の属性と意思決定過程（2005年）

1) ファミリー世帯

回答者	世帯構成	転居の動機	転居可能性	実家継承可能性	前住地	前住地の居住形態	意思決定過程とそのタイプ 1	2	3	4	5	6	7	
1-A	h32, w33, 3(m)	子の成長	転勤	無	茨城県	給与住宅	a	b,M	c	d	e	e'	f	①
1-B	h42, w40, 7(m), 5(m)	子の成長	未定	無	水戸市	賃貸集合住宅	a	b	c,M	d	e	e'	f	①
1-C	h43, w43, 19(m), 17(f)	子の成長	有	有	水戸市	市営集合住宅	a, d, e, M			e'		f		③
1-D	h51, w51, 18(f), 10(m)	子の成長	未定	無	水戸市	親所有戸建住宅	a, d, e, M			e'		f		③
1-E	h38, w32, 0(m)	結婚	未定	無	水戸市	賃貸集合住宅	a	b	c,M	d	e	e'	f	①
1-F	h31, w27, 0(m)	結婚	有	有	茨城県	賃貸集合住宅	a	b	c,M	d, e		e'	f	①
1-G	h41, w40	結婚	有	有	水戸市	給与住宅	a	b,M	c	d	e	e'	f	①
1-H	h40, w36	結婚	有	有	水戸市	賃貸集合住宅	a	b,M	c	d	e	e'	f	①
1-I	h45, w32	結婚	無	無	水戸市	賃貸集合住宅	a, d, e, M			e'		f		①
1-J	h44, w38	結婚	有	有	水戸市	賃貸集合住宅	a	b	c,M	d	e	e'	f	①
1-K	h48, w47	住宅所有の意思	無	無	茨城県	賃貸集合住宅	a,M	b	c	d	e	e'	f	①
1-L	h32, w32	住宅所有の意志	無	無	水戸市	給与住宅	a	b	c,M	d	e	e'	f	①
1-M	h36, w38	給与住宅の年齢制限	有	無	茨城県	給与住宅	a	b	c,M	d	e	e'	f	①
1-N	h40, w39, 11(m), 6(m)	給与住宅の年齢制限	転勤	無	茨城県	給与住宅	a	b	c,M	d	e	e'	f	①
1-O	h46, w45, 18(f), 15(m)	銀行からの薦め	未定	無	水戸市	市営集合住宅	a, d, e, M			e'		f		①
1-P	h46, w46, 14(m), 11(m)	転勤の長期化	他住宅所有	無	水戸市	賃貸戸建住宅	a	b	c,M	d	e	e'	f	①
1-Q	h43, w37, 4(m)	住宅への不満（狭い）	他住宅所有	無	水戸市	所有集合住宅	a,M	b	c	d	e	e'	f	②
1-R	h46, w38, 8(m), 6(f)	子の進学	他住宅所有	無	水戸市	所有戸建住宅	a, d, e, M			e'		f		③

2) シングル世帯

回答者	世帯構成	転居の動機	転居可能性（意志）	前住地	前住地の居住形態	意思決定過程とそのタイプ 1	2	3	4	5	6	7	
2-A	52(f)	住宅所有の意志	無	茨城県	賃貸戸建住宅	a,M	b	c	d	e	e'	f	②
2-B	64(f)	親からの独立	無	水戸市	親所有戸建住宅	a,M	b	c	d	e	e'	f	②
2-C	62(f)	親からの独立	無	水戸市	親所有戸建住宅	a,M	b	c	d	e	e'	f	②
2-D	57(f)	離婚	無	茨城県	所有ビル	a	b	c,M	d	e	e'	f	①
2-E	63(f)	親からの独立	未定	水戸市	市営集合住宅	a,M	b	c	d	e	e'	f	①
2-F	46(m)	給与住宅の年齢制限	実家継承	水戸市	給与住宅	a,M	b	c	d, e		e'	f	①
2-G	54(m)	給与住宅の年齢制限	転勤	茨城県	給与住宅	a	b	c,M	d, e		e'	f	①
2-H	71(f)	定年退職	無	東京都	賃貸集合住宅	a,M	b	c	d	e	e'	f	②
2-I	79(f)	定年退職	無	東京都	所有戸建住宅	a	b	c,M	d	e	e'	f	①

3) 中高年夫婦世帯

回答者	世帯構成	転居の動機	居住経験など	前住地	前住地の居住形態	意思決定過程とそのタイプ 1	2	3	4	5	6	7	
3-A	h70, w死別	定年退職 子の住宅購入	県内出身	水戸市	所有戸建住宅	a, d, e, M	e'	f					③
3-B	h70, w死別	定年退職	県外出身（子が市内居住）	水戸市	所有戸建住宅	a,M	b	c	d	e	e'	f	②
3-C	h64, w63	定年退職	県外出身（親族が市内居住）	東京都	賃貸集合住宅	a,M	b	c	d	e	e'	f	②
3-D	h64, w60	定年退職	Uターン	北海道	所有集合住宅	a,M	b	c	d	e	e'	f	②
3-E	h84, w別居	子の呼寄	県内出身	茨城県	賃貸集合住宅	a,M	b	c	d	e	e'	f	②
3-F	h74, w72	定年退職	県内出身	東京都	賃貸集合住宅	a,M	b	c	d	e	e'	f	②
3-G	h77, w73	定年退職	県内・東京都出身	茨城県	賃貸集合住宅	a,M	b	c	d	e	e'	f	②
3-H	h65, w62	子の結婚	県内出身	水戸市	給与住宅	a,M	b	c	d	e	e'	f	②
3-I	h70, w60	子の結婚	県内出身	水戸市	所有ビル	a,M	b	c	d	e	e'	f	②
3-J	h58, w57	子の離家	県内出身	水戸市	市営戸建住宅	a, d, e, M	e'	f					②
3-K	h54, w48	子の離家	県内出身	茨城県	給与住宅	a,M	b	c	d	e	e'	f	②
3-L	h59, w59	子の離家	県外出身（世帯主が県内就業）	神奈川県	所有戸建住宅	a,M	b	c	d	e	e'	f	②

注：意思決定過程の要素は，伊藤（2001）を基にした．1から7の数字は意思決定の段階をさし，同時に行われたものは同じ段階に含まれる．居住形態の選択は，「マンション」という居住形態に決定した段階をさす．
　a 転居の決定，b 希望地域の設定，c 転居先の住宅の探索，d 居住地の選択，e 特定のマンションの選択，e'特定の住居の選択， f 新居への移動
　居住形態の決定：茨城県は，水戸市を除く茨城県内をさす．
　世帯構成：h は世帯主，w は配偶者，m は男性，f は女性，数字は年齢をさす．
　①は，転居先の探索の過程で居住形態を選択しているものをさす．
　②は，転居を決定した段階でマンションに絞り，転居先の探索を行ったものをさす．
　③は，特定のマンションができることがきっかけとなり，転居を決意したものをさす．
（インタビュー調査により作成）

DINKs 世帯は 1 世帯（1-G 世帯）である．
　以下では，居住地選択に関する意思決定過程の各段階で重要視された具体的な要因を示す．マンションという居住形態を選択する過程は，現住地の選択において重要な役割を果たすため加えて示す．なお，事例の選定に関しては，先述の居住者特性を踏まえ，多数の世帯を説明しうる事例に絞った．

（1）転居の決定

　ファミリー世帯では，結婚や子の誕生と成長など世帯の成長に関わる理由が転居のきっかけとなっている．1-A 世帯は，子の成長に伴う教育環境の改善や，将来的な世帯主の転勤に対応しやすい環境を求め，転居を決定した．東京勤務になる可能性から，将来的な賃貸や売買を考えマンションを選択した．この世帯は，水戸市やひたちなか市，日立市の駅周辺のマンションを中心に転居先の探索を行ったが，東京都へのアクセスと子の教育施設数の多さを考慮し，水戸市内のマンションに居住することを決定した．水戸市内の他のマンションと比較した結果，価格と駐車場設備などを重視し，現住のマンションを選択した．

　特定のマンションができたことがきっかけとなり，転居を決定した世帯もみられた．1-C 世帯は，世帯主が長男であるため，実家継承までの住まいとしてマンションを購入した．経済的な余裕ができたのと同時期に，現住マンションができることを知り，配偶者は転居を決意し，世帯主を説得した．配偶者は，世帯主の実家継承にともなう農村地域への転居に不安を感じていたため，マン

ション購入に積極的であった。世帯主は住宅購入の意思がまったくなかったが，配偶者の勧めで購入を決意している。1-C世帯の他にも，世帯主が将来的な実家継承を期待されている世帯がみられた。このような世帯は，戸建住宅を購入することが実家継承をしないという意思表示になると考え，代替的な居住形態としてマンション購入を決意していた。

給与住宅からの転居者は，世帯の成長による理由に加え，給与住宅の居住者年齢制限や，住宅所有を推進する会社の方針も大きな理由となっていた。

シングル世帯では，親の所有する住宅や近隣の賃貸住宅に居住していた女性が4世帯おり，住宅の購入によって親から独立しようとしている。2-B世帯の女性世帯主は，水戸市中心市街地に通勤している。世帯主は，水戸市内の実家で生まれ育った。彼女の兄弟は，皆水戸市内に戸建住宅を購入している。単身であった世帯主は両親と同居していた。世帯主にとって住宅を購入することは，「一人前」の証しであった。しかし，単身のため防犯面での不安があったため，マンションしか選択肢になかった。

中高年夫婦世帯は，定年退職や子の離家をきっかけとして，夫婦での自立した生活を望んでいる。3-A世帯は，定年退職後に夫婦でマンションに移り住んだ。第一子が東京都で就職してマンションを購入したことから，世帯主は子が戻ってくることはないと確信し，夫婦での老後の生活について考え始めた。配偶者の通院や世帯主自身の健康への不安もあり，戸建住宅や庭を維持管理しながら生活を続けていくことに困難を感じ始めていたことも転居を後押ししている。

Brown and Moore（1970）による行動論的二段階モデルでは，転居先へのニーズの形成に前住地の影響があることが指摘されている。本研究の事例でも，ライフステージの進行などにともなう住宅へのニーズの変化が転居のきっかけとなり，転居を決定し，転居先の選択が行われている。

（2）居住地の選択

転居先として考えた地域（表4-5）をみると，茨城県外で探索を行った世帯は少数であり，水戸市内に偏っている。聞き取り調査によると，ファミリー世

表 4-5 水戸市中心部における調査対象世帯の現住地選択に関する探索地域

(単位：世帯)

転居先として探索した地域	ファミリー世帯 (n=18)	シングル世帯 (n=9)	中高年夫婦世帯 (n=12)
水戸市中心部	18	9	12
水戸市周辺部	6	2	2
ひたちなか市	4	2	0
その他茨城県	3	0	0
東京都	1	2	2
その他関東地方	0	0	2

注：複数回答による。
(インタビュー調査により作成)

帯やシングル世帯でひたちなか市や日立市を候補としたのは，前住地との近接性を希望する配偶者が多いためであった。

また，シングル世帯は，就業地への近接性に加え，親や兄弟の居住地への近さを重視している。東京都内で定年退職を迎えたシングル世帯（2-H, 2-I）は，就業地で形成されていた生活のための利便性や人間関係，そして親族との近接性を考慮し，水戸市を選択している。

中高年夫婦世帯では，利便性の高い駅周辺での居住を志向する傾向がある。アンケート対象マンションのうち中高年夫婦世帯が4割以上を占めるものは，いずれも水戸駅まで1km圏内にある。定年退職時に水戸市以外に居住していた世帯は，すべて茨城県内に地縁血縁があり，親族との近居を志向している。

また，水戸市中心部の地域イメージが転居先の地域選定に強く影響した事例もみられた。3-A世帯では，水戸市三の丸[8]にマンションができることを知った世帯主が，三の丸という歴史の重みがあり史跡も多い場所への憧れから，このマンションを購入する意思を固めた。水戸市内に長年居住してきた世帯主にとって三の丸という場所に建ったマンションはステイタスの象徴[9]であった。世帯主は，所有していた戸建住宅が売却できたことをきっかけにマンションを購入している。

さらに，マンションに限定して転居先の探索を行った世帯では，茨城県内におけるマンション供給地域が水戸市などに限られることから，必然的に水戸市内を選択する傾向にある。

(3) 居住形態の選択

　戸建住宅との比較から維持管理のしやすさや将来的な転居のしやすさを評価する世帯も多い。1-B 世帯は，戸建住宅購入も視野に入れ新居の探索を行っていた。転居先の探索の中で，配偶者は，世帯主が長男であることを考慮し，将来的に世帯主の実家継承や親との同居の必要性が生じた際，転居しやすいことを考慮した。世帯主は，共働きであることから，戸建住宅と比較して，住宅の維持管理のしやすさと防犯面を評価してマンション購入を決定した。

　シングル世帯では，聞き取り調査において，女性世帯主全員が戸建住宅購入への不安があったと回答している。一方，男性世帯主は，戸建住宅購入も考慮していた。中高年夫婦世帯では，防犯やセキュリティ面での安心感や，住宅の維持管理のしやすさを挙げている世帯が多い。戸建住宅購入経験者が多いため，加齢とともに戸建住宅での生活が困難になることを意識した転居であることを反映している。また，子が離家した後で，必要とする居住スペースが減少したため，それまでの住居をもてあますようになったことも理由として挙げられている。

　また，過去の居住経験からマンションに絞って探索する世帯もみられた。3-D 世帯は，過去にマンション購入経験があり，マンションの利便性や居住性の高さを認識していたため，マンションのみを探索した。聞き取り調査では，このほかに，中心部の立地を優先すると，経済的要因や周辺建築物が高層であることからマンションを選択せざるを得ないという意見が聞かれた。

(4) 意思決定のパターン

　水戸市中心部におけるマンション居住者の現住地選択の意思決定過程は，転居の決定と居住形態の選択の過程によって，3つのタイプに分けることができた。まず，転居先の探索の過程で他の居住形態やマンション間での比較を行い新居への移動にいたるものである（図4-5中①）。このタイプは，ファミリー世帯に多く，水戸市内を中心に戸建住宅購入または賃貸住宅への転居を検討しているものである。次に，転居決定時からマンションに絞って転居先の探索を行うタイプが挙げられる（図4-5中②）。シングル世帯や中高年夫婦世帯の大

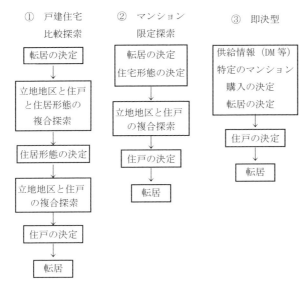

図 4-5 水戸市中心部におけるマンション居住者の現住地選択に関する意思決定方法の模式
注：DM はダイレクトメールを表す。
　　複合探索は，特定の住戸や物件に対して，地域や住居形態，住戸などの 2 つ以上の要素を合わせて総合的に判断し，比較を行うものを表す。

半がこのタイプに含まれる。最後に，特定のマンションができたことで転居を決意し，マンション購入の決定と特定の住居の選択を行う場合が挙げられる（図4-5 中③）。このタイプは，現在居住しているマンション付近に居住していた世帯が，新聞広告やマンション供給会社からのダイレクトメールを受け取ったことなどをきっかけとしてマンション購入を決定したものである。

4-4 水戸市中心部におけるマンション購入世帯の居住地選択の特性とマンションの役割

(1) 居住形態への選好

　日本の住宅供給は，独立前の子を持つ夫婦世帯を中心になされてきたため，その他の世帯への関心が薄かった。そして，単身世帯[10]（影山 2004）や高齢

世帯(田原ほか 2003)の住宅購入や人口移動が，欧米ほど活発ではないといわれてきた。マンションは，このような世帯が購入しやすい状況を作り出しているため，ライフコースの多様化した現代で重要な居住形態となっている。維持管理を委託できることによる暮らしやすさ，防犯体制の強化による安心感，利便性の高い立地，戸建住宅と比較して安価で，設計や用地取得の面倒さが省けることなどが受け入れられる主な要因である。

また，水戸市中心部においては賃貸住宅の賃料が高価であることから賃貸住宅の代替的居住形態としてマンションを購入する世帯もみられる。マンションは，戸建住宅や賃貸住宅の代替的な居住形態としても機能している。

(2) 水戸市中心部の評価

水戸市中心部は，城下町として長い歴史を持ち，教育環境や景観が整備されている。地盤が強固であることは居住地として重要な要素である。また，水戸市は東京都に比較的近いため，進学や就職により東京都への転出が起こりやすい。東京都心部などで集合住宅での居住経験や都市の利便性を享受した者が，出身地へと帰郷する際には，東京都へ容易に出かけられ，以前の生活圏との接触を容易に維持できることや，生活環境での利便性を求めるのは自然なことであろう。また，東京都からの帰郷者の配偶者は，茨城県以外の出身者であることが多いため，新しい環境への適応しやすさや親族や友人との行き来のしやすさを重視する世帯も見られる。このような点に東京都に近接する地方中心都市の特徴がみられる。

茨城県は，日立製作所や東海原子力発電所などの就業地を抱える県である。就業を機に茨城県へ転入した他県出身の世帯が，水戸市で住宅購入する場合，水戸市中心部の持つ地域イメージや歴史ではなく，駅への近接性やマンション価格など，より実質的な部分から評価する傾向がある。これまでの仙台市などを事例にしたマンション研究において，利便性が最重要視され，都市中心部におけるマンション居住者は DINKs 世帯やシングル世帯に偏る傾向が指摘されてきた(広瀬 2000 ほか)。しかし，水戸市においてはそのような世帯は過半数に満たず，より地域特性や家族・血縁関係などを重視する世帯が多い傾向がみ

られた．これは，水戸市の周辺市町村では，実家継承や本家・分家関係などが残っており，このような周辺市町村から就業地などを求めて転入した世帯が集まりやすい傾向があるためであると考えられる．

(3) 居住選好とライフステージ

Bell（1958）は，米国の郊外居住者の転居理由に関して，4つのタイプを設けている．それは，家族に関心を向け，子のために転居をする「家族（教育）重視タイプ（family type）」，仕事への献身とキャリアの向上を中心に生活が成立する「就業重視タイプ（careerists）」，郊外に居住可能な収入があっても都心部での利便性を志向する「利便性重視タイプ（consumerists）」，コミュニティの感覚や自身のアイデンティティを感じるために農村や中小都市を志向する「コミュニティ重視タイプ（community seekers）」である．ライフステージの進行に伴う世帯のニーズの変容により，これらのタイプが変化するとされている．

水戸市中心部のマンション購入世帯に関しては，Bell が示した4つの主要な要因のほかに，「居住形態への選好」と「水戸市中心部の評価」が重要である．世帯類型別にみると，ファミリー世帯では，子の教育環境と親の居住地，就業，中心部の地域イメージを志向した居住地選択が特徴的である．シングル世帯は，親・兄弟との近接，居住形態への選好によって住宅地を選択した．中高年夫婦世帯では，地域イメージのよさ，利便性，居住形態への選好，子の居住地を反映した居住地選択が行われている．ライフコースが多様化している昨今では，一概にライフステージの進行にともない居住地選択のタイプが変化するとはいい難い状況がみられる．しかし，こうした状況において，各世帯の全員にとっての幸福な住まいと，その親や子を含めた親族や友人との近接性やそれぞれのかかわりを最大限良好にしていける住宅の選択をしたいという世帯の欲求が，水戸市中心部でのマンション供給を支えているのである．

5章 幕張ベイタウンにおけるマンション購入世帯の現住地選択に関する意思決定過程

5-1 本章の課題

(1) 研究目的と研究方法

　本章においては，郊外における新開発地である幕張新都心を事例として，マンション購入世帯の個人的背景を踏まえ，現住地選択過程を明らかにすることを目的とする。

　前章におけるマンション購入世帯の意思決定過程では，居住形態の決定が全過程に影響し，居住形態の決定によって意思決定の3つのパターンが示された。これらのパターンは，マンション購入世帯の意思決定パターンとして普遍性を有するものであると考えられるが，地方都市においては，探索地域や居住形態の比較対象が限定的であり，より幅広い選択肢の中での探索行動に応用可能かは疑問が残る。

　また，居住地選択において，立地地域よりも物件そのものの価値が重視される傾向が指摘されている（Kauko 2006）。特定の住居の選択が転居の決定を促すとすれば，順序を追って意思決定が行われるという行動論的二段階モデルにそぐわないことになる。この議論の検証のためには，住宅の形態や住宅の供給地域が限定される地方の事例と比較して，住宅の形態や供給地域の限定が少ない大都市圏における居住地選択を扱うことは意義があると考える。

　一方，居住地選択に関する意思決定過程は，住宅情報や居住形態の特性によって大きく影響を受けるが，情報伝達手段の発展が居住地選択に関する意思決定過程を変容させるという予察もなされている（Bean and Guttery 1997；Smith and Clark 1980）。つまり，インターネットを利用することによって，転居先の探索期間の短縮や探索地域の拡大，購入価格への影響があるという仮説

が挙げられている（Bond *et al.* 2000 ; Palm and Danis 2001，2002 ; Zumpano *et al.* 2003）。インターネットの利用によって，空間的な制約が解消されるとすれば，居住地移動行動にも大きな変化がみられると考えられるため，住宅情報と探索過程の関わりを明らかにすることは，重要な視点である。

　本章では，既往の研究を参照し，以下のように分析を進める。まず，インタビュー調査によって得られたデータから，居住地選択の意思決定に影響すると考えられる居住経歴や親族近居，住み替え行動などの居住者特性を示す。次に，現住地選択に関する意思決定過程について，既往の研究との比較を行いながら分析を行う。

　データの収集のために，幕張ベイタウンに居住する130世帯に対して，2009年4月から7月にかけて質問票を用いたインタビュー調査を行った。居住者からの紹介，幕張ベイタウン自治会連合会および幕張ベイタウン内のサークル活動を通じた呼びかけによって，入居時期やマンションに偏りのないよう協力者を募り，各1時間程度の対面インタビュー調査を実施した。このうち，賃貸住宅に居住する18世帯を除く112世帯による回答を本研究の分析に用いる。インタビュー調査では，就業や世帯構成など居住者特性に関するもの，居住経験や親族の居住地，住宅所有や定住意識に関するもの，そして現住地選択に関する意思決定過程について世帯主・配偶者がそれぞれ重視した項目や利用した情報などを尋ねた。

（2）研究対象地域の概要

　研究対象地域は，千葉県千葉市美浜区1～3丁目に位置する幕張ベイタウンである（図5-1）。幕張ベイタウンおよび周辺一帯は，業務地区・住宅地区を有する幕張新都心として（写真5-1），千葉県企業庁によって東京湾の埋立地に開発された[11]。業務機能の郊外移転に伴って郊外核として都市機能が急速に高められた地区でもある（佐藤・荒井 2003 ; 李 2002）。居住人口は2万2,984人，居住世帯数は7,958世帯（住民基本台帳による，2009年3月末現在）である。

　幕張ベイタウンでは，「土地転貸借権付分譲方式（幕張方式）[12]」によってマンション群の分譲が1994年に始まり，1995年に第1期分譲地区の住民の入

5章 幕張ベイタウンにおけるマンション購入世帯の現住地選択に関する意思決定過程 65

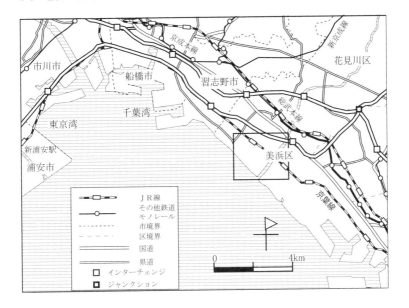

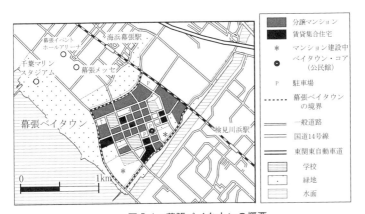

図 5-1 幕張ベイタウンの概要

居が開始された(表5-1)。第1期分譲時には,中庭を囲む6階建て以下のマンションが販売された。初期費用に土地代が含まれていないことを考慮すると,平均価格が5,000万円を超えるマンション群は高級街区と評価してよかろう。また,抽選倍率が400倍を超える住戸が存在したことからも,第1期入居者層

表 5-1 幕張ベイタウンにおけるマンションの供給（1994～2006 年）

分譲時期	マンションの構造	価格（万円）			専有面積（m²）		総戸数（賃貸戸数）	抽選の最高倍率
		平均	最低	最高	最小	最大		
第1期 (1994年)	中層	4,772.8	3,619.5	7,993	58.9	121.34	117 (12)	180 倍
	中層	4,971.7	3,780	8,050	68.48	120.74	132 (14)	244 倍
	中層	5,140.2	3,760	7,750	58.95	116.91	114 (14)	402 倍
	中層	4,737.8	2,160	7,930	36.21	116.56	110 (11)	189 倍
	中層	5,268.2	3,839.6	8,100.3	69.8	127.51	113 (12)	307 倍
	中層	5,113.5	2,879	7,391	50.35	117.15	118 (12)	206 倍
第2期 (1995年)	中層	5,165.5	3,422	7,398	56.82	110.18	130 (26)	-
	中層	4,981.5	3,989.3	6,395.2	75.5	99.61	120 (24)	-
	中層	5,128.3	3,170	10,550	54.92	140	190 (38)	-
	中層	5,275.4	3,548.6	7,303.2	59.68	120.04	136 (28)	-
第3期 (1996年)	中層	4,742.2	3,470	8,490	68.6	118.34	112 (12)	-
	中層	4,702.8	3,240	9,710	70.42	135.37	125 (13)	-
	中層	4,734.7	2,890	7,610	56.92	117.6	115 (12)	-
第4期 (1998- 2000年)	高層	4,516.3	2,790	8,920	56.56	139.56	385 (29)	-
	高層	4,345.2	2,690.7	8,181.5	66.98	135.65	385 (30)	-
	超高層	5,308.7	3,010	13,110	60.53	150.81	509 (0)	-
	超高層	5,072.8	2,700	15,450	67.76	173.06	496 (0)	-
第5期 (2001- 2006年)	中層	4,021.7	2,828	7,558	72.56	133.31	200 (16)	-
	高層	4,312.5	2,690	7,380	78.67	133.68	390 (25)	-
	高層	4,293.5	2,890	6,656	80.15	148.31	220 (0)	-
	高層	4,270.9	3,290	7,900	77.75	129.77	290 (34)	-
	高層	4,561.3	3,050	7,900	88.52	183.26	366 (17)	-
	超高層	3,849.1	2,918	6,858	81.38	138.5	224 (0)	-
	超高層	3,996.7	2,970	7,280	77.46	134.36	188 (0)	-
	超高層	3,627.9	2,390	5,580	71.64	112.53	383 (0)	-
	超高層	3,835.2	2,568	7,198	72.5	138.27	410 (0)	-
	超高層	3,651.9	2,600	6,100	76.87	129.8	228 (0)	-
	超高層	3,664.4	2,590	6,470	81.1	139.31	184 (0)	-

注：中庭を囲むように住棟が配置された 5～6 階建てのマンションを中層、タワー状および中庭を囲む住棟で 7～20 階以下のマンションを高層、タワー状および中庭を囲む住棟で 21～40 階以下のマンションを超高層と表す。抽選の最高倍率を示した「-」はデータがないものを表す。

（不動産経済研究所『全国マンション市場動向』、および幕張ベイタウン誕生 10 年記念誌編集委員会『幕張ベイタウン誕生 10 年記念誌』により作成）

写真 5-1　幕張新都心の景観
（2010 年久保撮影）

写真 5-2　幕張ベイタウンの景観
（2010 年久保撮影）

は，狭き門をくぐりぬけて所有権を獲得した高所得者層であったことがうかがえる（千葉県企業庁 1997）。また，居住者の入れ替え継続によって住宅地の高齢化対策とする観点から，各マンションに賃貸住戸が設けられた。第 2・3 期入居に当たる 1996 年までは，第 1 期の特性であった高級な中層マンションの供給が継続した。2000 年前後からは，タワーマンションや土地所有権物件の供給が始まった（写真 5-2）。

2001 年以降は，高層および超高層マンションの供給が主体となり，平均価格は 3,000 万円台まで下落した。占有面積の拡大，マンション内の賃貸住戸部分の廃止などがこの時期以降の特徴である。また，2000 年前後には，住宅金融公庫による融資の拡大や住宅ローン自由化のよって，公庫融資利用者の住宅購入価格に占める公庫借入金の割合が 60％を上回った（中澤 2006）こと，さらに住宅ローン減税などの住宅取得者への税優遇政策が実施され，潜在的な住宅需要者が相当数住宅取得に向かったことなどを鑑みれば，高所得者層という居住者特性もこの時期を境に変化したと考えられる。

高層・超高層街区は中層街区の周辺に配置され，2009 年現在，北東の JR 京葉線，東南の花見川，南西の千葉湾，そして北西の公園緑地を境界とする幕張ベイタウンの全体がほぼ完成している。

5-2 幕張ベイタウンにおけるマンション居住世帯の特性

本節は，幕張ベイタウン居住者の現住地選択過程に影響する個人的背景について明らかにする。世帯構成や入居時期，および就業状況などの居住者特性に加え，過去の居住経験や親族の居住地，定住意識についても示す。

（1）居住世帯の類型

表5-2は，インタビュー回答世帯数を世帯構成別に示したものである。インタビュー回答世帯の66.1％にあたる74世帯は，就労期の夫婦と就学子の世帯である。次いで，子が離家した後に夫婦のみで居住する世帯や就労期の夫婦のみの世帯，就労期の夫婦と就業子の世帯が28.5％にあたる32世帯である。最後に，単身での居住者世帯は，就労期の4名（男女各2名）および退職後で夫と死別した女性2名による6世帯であった。世帯構成や年齢によって居住地選択には差異がみられることが確認されているため（平井1999；Morrow-Jones 1988），ここでは世帯を家族世帯，夫婦世帯，単身世帯と類型化して分析を進める。これに加えて，居住者の大半を占める家族世帯に関しては，入居時期による居住者特性の差異を考慮し，必要に応じて2000年までの入居世帯と2001年以降の入居世帯を別に扱う。入居時期別にみると，2000年までに入居した世帯と2001年以降に入居した世帯がほぼ同数である。なお，世帯構成の偏り

表5-2　幕張ベイタウン居住者の世帯構成（2009年）

世帯類型	世帯構成	初期入居	後期入居	小計（％）
家族世帯｛A｝	夫婦と就学子	33 ｛A-1｝	41 ｛A-2｝	74（66.1）
夫婦世帯｛B｝	夫婦	4	3	32（28.5）
	子離家後	11	6	
	夫婦と就業子	6	2	
単身世帯｛C｝	就労期	2	2	6（5.4）
	退職後	1	1	
小計（％）		57（50.9）	55（49.1）	112（100）

注：初期入居は1995～2000年に入居した世帯，後期入居は2001年～2009年に入居した世帯を表す。｛A｝｛B｝｛C｝および｛A-1｝｛A-2｝は，世帯類型の略称を表す。
（インタビュー調査により作成）

(2) 居住世帯の就業

表5-3は，世帯主の就業地および職業を示したものである．インタビュー回答者のうち，68世帯（60.7%）は東京都への通勤世帯，次いで千葉県内に通勤するのは13世帯（11.6%）であるが，幕張新都心への通勤者は4世帯（3.6%）と少数であった．東京都への通勤世帯では，東京都内の東部にオフィスが立地している世帯が大半であり，通勤利便性と沿線のイメージを考慮し，JR京葉線沿線での住宅購入が選択された．先述の千葉県企業庁が1997年に行った居住者へのアンケートでは，58.6%が東京都内通勤，千葉県内が23.6%，幕張新都心は7.1%であった．回答者のバイアスを考慮しても，千葉県内通勤世帯が減少し東京都内通勤者のベッドタウンとしての機能が強化されていることがわかる．

表5-3 幕張ベイタウンにおける居住者の就業特性（2009年）

a) 世帯主（単位：世帯）

就業地	会社員	定年退職者	その他	小計（%）
東京都	62		6	68（60.7）
幕張新都心	3		1	4（ 3.6）
その他千葉県	10		3	13（11.6）
その他	1	15	11	27（24.1）
小計（%）	76（67.9）	15（13.4）	21（18.7）	112（100.0）

b) 配偶者（単位：世帯）

就業地	専業主婦	パートタイム	会社員	自営業者	その他	小計（%）
自宅	53	1		5		59（55.7）
海浜幕張駅周辺		14	1	1		16（15.1）
その他千葉市		7	1	2	3	13（12.2）
東京都		1	6			7（ 6.6）
その他		4	2	2	3	11（10.4）
小計（%）	53（50.0）	27（25.5）	10（9.4）	10（9.4）	6（5.7）	106（100.0）

注：会社員は，会社役員を含む．世帯主において，その他の11世帯には，単身赴任のために千葉県外に居住する7世帯を含む．
（インタビュー調査により作成）

一方，配偶者の就業状況では，半数が専業主婦と回答している。就業している配偶者では，パートタイム労働が27世帯（25.5%）と多いが，自営業者が会社員と並んで多い（各10世帯，9.4%）。自営業者は，自宅などで料理教室や絵画教室，音楽教室等を主宰しており，フリーランスの音楽家や司会業者等として活躍している例もある。

(3) 居住世帯の居住経歴

図5-2は，家族世帯の世帯主の居住経験を示したものである。世帯主の多くは，出生時には，全国各地に居住しており，親の住宅購入までに千葉県内や大都市の郊外，地方都市などへ転居している。世帯主の多くは，親世帯が郊外に住宅を購入した郊外第二世代である。インタビューにおいては，親の転勤に随伴した転居経験が多く，現住地が人生で最長期間居住していると答える例があった。また，親もしくは祖父母の代からいわゆる「転勤族」であったり，親世帯が戦後の引き揚げ者であったりする居住経験をもつことから，自身の拠点となる場所がなかったと語る例があった。幕張ベイタウンは，埋め立て地に開発された経緯を持つことから，全居住者がこの地へ移り住んできた新住民である。自身の拠り所になる場所の欠落という居住経験が，新住民の街への選好に影響を与えている。

幕張ベイタウン居住者の世帯主は，進学時に東京大都市圏内，次いで札幌市や広島市などの広域中心都市や地方都市へ転居した。就業時に，東京圏での就業者は，東京都内や千葉市などの社宅や寮に居住している。また，採用後すぐに地方都市や海外へ転居した世帯も多い。幕張ベイタウン居住者の多くは，国内外を問わず転勤によって2～3年毎の転居を経験している。結婚時に東京大都市圏に集中しているものの，その後も転勤による転居回数が多く，家族世帯のうち出生時からの転居回数が10回以上であったのは18世帯（24.3%），海外転勤経験者は13世帯（17.6%）に上る。最初の住宅取得時に大半の世帯が幕張ベイタウンに移動しているが，次の住宅取得時にベイタウンに移動したり，ベイタウン内で住み替えたりする例も確認された。結婚時に大半の世帯が千葉県内に転居し，その後の住宅取得時に幕張ベイタウンが選択されている。就業

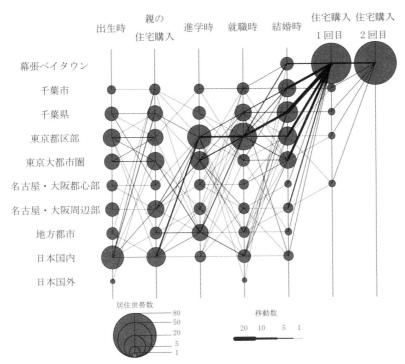

図 5-2 幕張ベイタウン居住者の家族世帯（世帯主）の居住経歴（2009 年）
（インタビュー調査により作成）

後の居住地は，結婚時の転居先およびその後の住宅取得時における探索地域に影響している。

(4) 居住世帯の住み替え行動

　幕張ベイタウン居住者の前住地および前住地の居住形態を示した表 5-4 をみると，千葉市内からの移動が 33 世帯（29.5％），次いでその他千葉県内からが 29 世帯（25.9％）であった。結婚時までに千葉県内に移動していた世帯が，住宅取得時に幕張ベイタウンへ移動している。東京都内や神奈川県内から転居した世帯は併せて 19 世帯である。その他国内からの移動者も含め，千葉市などへの地縁・血縁がなく幕張ベイタウンに居住している世帯は，新開発地の真新

表 5-4 幕張ベイタウン居住者の前住地と前住地の住居形態 （単位：世帯）

前住地	社宅・寮	賃貸住宅	所有住宅		小計 （%）
			戸建住宅	集合住宅	
幕張ベイタウン		14		7	21 (18.8)
千葉市	9	10	1	13	33 (29.5)
千葉県	6	15	2	6	29 (25.9)
東京都	6	6	1		13 (11.6)
神奈川県	2	2	1	1	6 (5.3)
日本国内	3	3		2	8 (7.1)
日本国外	2				2 (1.8)
小計 （%）	28 (25.0)	50 (44.6)	5 (4.5)	29 (25.9)	112 (100.0)

注：千葉市は幕張ベイタウンを除く，千葉県は千葉市を除く，また日本国内は千葉県および東京都，神奈川県を除く範囲を表す。
（インタビュー調査により作成）

しさに加え，ヨーロッパ風の街並みや居住者の所得層や教育レベルの高さなどへの評価から距離的な障害を超えて転入している。

　幕張ベイタウン内での住み替え世帯が 21 世帯（17.9%）と一定の割合を占めている。ベイタウン内の賃貸住宅に居住し，その後分譲マンションへ移るものが 14 世帯，所有住宅間での移動が 7 世帯である。ベイタウン内での転居経験世帯の特性を表 5-5 に示した。賃貸住宅から所有住宅へ転居した世帯では，幕張ベイタウンを気に入ったが，地縁がなくマンションを購入して居住することが不安であったため，賃貸住宅に居住し，その後に分譲マンションを購入するか決定しようとする世帯（A-2 世帯）がいた。また，経済的な制約や幕張ベイタウンに居住経験がない不安から，まず賃貸で居住し，分譲マンションを探そうとする世帯（A-2，B-1 世帯）もみられた。結婚や子の誕生などのライフイベントで近隣市町村から幕張ベイタウン内の賃貸住宅へ転入した世帯が，子の成長などで定住意欲が増し，幕張ベイタウン内での持家取得に向かう例（A-5，A-6，A-7，A-8，A-9 世帯）も多い。海外勤務からの帰国の際や，転勤による転居予定がある世帯（A-10，A-11，A-12，A-13 世帯）は，国内外の勤務経験者が多く，子が学校で容易に馴染める環境を求めていた。そのため，帰国直後に幕張ベイタウンの賃貸住宅に入居していた。

　所有住宅間で転居した世帯は，幕張ベイタウンを気に入って入居しており，

表 5-5 幕張ベイタウン内での転居経験世帯の特性（2009 年）

世帯番号	世帯構成	幕張ベイタウンへの入居時				移動 1 回目			移動 2 回目	
		所有状況	入居年	転居理由および条件	処分状況	所有状況	入居年	転居理由	所有状況	入居年
A-1	52 50 15 (F)	賃貸	1997	幕張ベイタウンを気にいったため	-	分譲	1999	住宅所有意欲		
A-2	42 41 15 (F) 13 (M)	賃貸	2000	幕張ベイタウンを気にいったが，地縁がなく不安があったため	-	分譲	2003	子の成長のため		
A-3	49 44 20 (-) 18 (-)	賃貸	2000	前住地への不満のため	-	分譲	2003	前住居への不満のため		
A-4	47 49 15 (M) 10 (F)	賃貸	2001	家賃の上限が13〜14万円／月	-	分譲	2003	子の成長のため		
A-5	44 36 10 (M) 6 (M)	賃貸	1997	結婚のため	-	分譲	2003	子の成長のため		
A-6	38 38 7 (-) 1 (-)	賃貸	1997	結婚のため	-	分譲	2003	住宅所有意欲		
A-7	33 32 4 (F) 0 (F)	賃貸	2002	結婚のため	-	分譲	2007	住宅所有意欲		
A-8	42 41 7 (F) 3 (M)	賃貸	1997	結婚のため	-	分譲	2002	住宅所有意欲	分譲	2007
A-9	44 39 14 (M) 12 (M) 9 (M)	賃貸	2002	子の成長のため	-	分譲	2006	子の成長のため		
A-10	51 46 21 (F) 18 (M) 15 (M)	賃貸	2001	転勤世帯が多い地域のため（転勤による転居予定のため）	-	分譲	2006	子の成長のため		
A-11	49 45 19 (F) 15 (M)	賃貸	1998	転勤のため	-	中古購入	2002	住宅所有意欲		

表 5-5 幕張ベイタウン内での転居経験世帯の特性（2009 年）（続き）

世帯番号	世帯構成	幕張ベイタウンへの入居時				移動1回目			移動2回目	
		所有状況	入居年	転居理由および条件	処分状況	所有状況	入居年	転居理由	所有状況	入居年
A-12	41 37 6 (M) 1 (M)	賃貸	2005	海外転勤からの帰国のため	-	分譲	2006	住宅所有意欲		
A-13	46 46 14 (M) 12 (F)	賃貸	2002	海外転勤からの帰国のため	-	分譲	2005	子の成長のため		
A-14	49 46 20 (F) 19 (M) 13 (F)	分譲	1997	住宅所有意欲	売却	中古購入	2008	海外転勤からの帰国後に現住居を気に入ったため		
A-15	42 42 13 (F)	分譲	1997	住宅所有意欲	売却	分譲	2001	前住居への不満のため		
A-16	44 40 16 (M) 13 (M)	分譲	1996	幕張ベイタウンを気にいったため	賃貸	分譲	2006	子の成長のため		
A-17	47 42 18 (F) 12 (F)	分譲	1999	幕張ベイタウンを気にいったため	売却	分譲	1999	前住居への不満のため		
A-18	46 45 18 (M) 13 (M)	分譲	1997	幕張ベイタウンを気にいったため（第1期抽選に落選）	賃貸	分譲	2007	現住居の間取りを気に入ったため		
B-1	69 65	賃貸	1995	幕張ベイタウンを気に入ったため	-	分譲		退職のため		
B-2	48 45	賃貸	2005	社宅の年限のため	-	中古購入	2009	住宅所有意欲		
B-3	36 43	分譲		親の住宅購入のため	-	分譲	2005	独立のため		

注：所有状況において，分譲とは新規に分譲されたマンションを購入したことを，中古購入は中古住宅を購入したことを表す。
　　世帯構成において，(M) は男性を，(F) は女性を，(-) は不明を表す。また，世帯主はすべて男性，配偶者は女性であったため省略した。
　　処分状況において，(-) は賃貸住宅や親が所有する住宅に居住していた世帯を表す。
（インタビュー調査により作成）

世帯の成長や前住居に問題があった際に，幕張ベイタウン内の新築マンションへ転居していた。A-14 世帯は，海外勤務からの帰国の際に，海外勤務になる以前に居住していたマンションをリフォームし居住を予定していた。幕張ベイタウンでは，ベイタウン内での買い替え需要が多いことから，中古マンションの広告が頻繁に配布される。このような広告を見るうちに，希望通りの間取りや設備のものを発見し，買い替えを決意した。世帯主は，海外転勤時に前住居を賃貸にしていた経験を踏まえ，「一度自身の居住住宅を賃貸住宅にすると，転居に抵抗がなくなる。」としている。幕張ベイタウン内で住み替える世帯は，幕張ベイタウンでの人間関係や街並みなどを高く評価しているため，幕張ベイタウン内の別住居へ転居することによって世帯の成長に対応しようとしている。

(5) 親族近居と定住意識

幕張ベイタウン居住者の近居親族の居住地を示した表 5-6 によると，関東地方内に居住する親・きょうだい・子の数のうち，幕張ベイタウンに居住しているものは 26 世帯（14.6％）であった。両親を呼び寄せて近居している世帯が多いが，特に配偶者の両親との近居が顕著である[13]。また，幕張ベイタウン内で近居している親族の居住形態は，世帯主の両親の場合は，賃貸住宅に居住するものが 2 世帯，所有住宅に居住するものが 2 世帯であったのに対し，配偶者の両親は，中古住宅を購入して居住するものが 6 世帯となっており，呼び寄せ需要の受け皿として中古マンションが大きな役割を果たしている。

2000 年に幕張ベイタウンでマンションを購入した D 世帯の事例を示す。D 世帯の配偶者の両親は，2008 年より幕張ベイタウン内の同じマンションの階下に居住している。配偶者の父親は，浜松市で生まれ，就業後には国内外への転勤を繰り返した。東京本社と市原市への通勤が基本であったことから，千葉市稲毛区にて分譲マンションを購入した。住宅購入後も国内外の転勤を繰り返したが，現在は定年退職を迎え，夫婦それぞれに趣味の活動の拠点を千葉市内においている。D 世帯が住宅購入する際には，親世帯は情報収集などを手伝っており，幕張ベイタウンについてともに学んでいた。D 世帯の階下の住居が売却されることになり，その情報を得た両親は，前住居の設備や高齢期の健康面

表 5-6 幕張ベイタウン居住者の近居親族の特性（2009 年）

a) 近居親族の居住地（単位：世帯）

居住地	親		兄弟・姉妹		子	小計（%）
	世帯主	配偶者	世帯主	配偶者		
幕張ベイタウン	4	8	4	5	5	26（14.6）
千葉市	6	13	7	5	6	37（20.8）
千葉県	15	15	10	6	8	54（30.3）
東京都	10	6	5	2	7	30（16.9）
関東地方	8	8	4	5	6	31（17.4）
小計（%）	43（24.2）	50（28.1）	30（16.8）	23（12.9）	32（18.0）	178（100.0）

b) ベイタウン内での近居親族の住居形態（単位：世帯）

住居形態	親		兄弟・姉妹		子	小計（%）
	世帯主	配偶者	世帯主	配偶者		
賃貸	2	1	1			4（15.4）
分譲	2	1	1			13（50.0）
中古購入		6		5	4	7（26.9）
不明			2		1	2（7.7）
小計（%）	4（15.4）	8（30.8）	4（15.4）	5（19.2）	5（19.2）	26（100.0）

注：複数回答による。千葉市は幕張ベイタウンを除く，千葉県は千葉市を除く，また日本国内は千葉県および東京都，神奈川県を除く範囲を表す。
（インタビュー調査により作成）

などへの不安から娘との近居を決意した。両親は，元来千葉市と地縁があったわけではなく，就業上の都合によって千葉市で住宅購入した世帯である。千葉市内に趣味の拠点をもつようになったが，前住地や前住居自体への愛着は強くなく，転居することに対する心理的な障害が少なかった。また，幕張ベイタウンに転居してから約半年後に前住居が売却されたことも転居の意思決定を後押しした。この他にも呼び寄せで中古マンションを購入した世帯のうち，千葉市美浜区・稲毛区・花見川区の分譲マンションや公団住宅などから親世帯が転居した場合，比較的速やかに前住居が売却されており，中古市場が盛況であったことが親世帯の転入を容易にしている。

図 5-3 は，居住者の定住意識を示したものである。定住意識をもって居住している世帯は全体で 47 世帯（42.0％）にのぼる。また，幕張ベイタウン内で

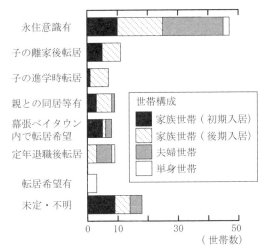

図5-3　幕張ベイタウン居住者の現住居への定住意識（2009年）
注：世帯構成において，家族世帯（初期入居）は，1995～2000年に入居した世帯を表し，家族世帯（後期入居）は2001～2009年までに現住居に入居した家族世帯を表す．
（インタビュー調査により作成）

の転居を希望する8世帯を含めると，約半数にあたる55世帯（49.1％）は幕張ベイタウンへの定住意識をもっている。世帯類型別にみると，初期に入居した家族世帯では現住居への定住意識をもつ世帯よりも未定とする世帯が多く，子の離家後の転居や幕張ベイタウン内での転居を希望する世帯も定住予定者の半数程度にのぼる。後期に入居した家族世帯では，現住居への定住意識が高い一方で，子の進学先が都内などになれば転居したいと答える世帯が続く。夫婦世帯では，世帯主の定年退職後に転居予定とする世帯や未定とする世帯もいるものの，現住居への定住意識が高い。単身者は，終の住処として居住した女性を除くと，転居希望をもっている。幕張ベイタウンでは，中学校への進学時に東京都内や千葉県内の私立中学を受験する生徒が多く，子の中学や高校進学を機に，より通学利便性の高い地域へ転出する世帯がいる。また，幕張ベイタウンの開発後に開発された横浜や豊洲・汐留などの東京沿岸のタワーマンションへ転出する世帯もおり，必ずしも定住意識の高さが転出数の少なさと結びつくわけではない。しかし，幕張ベイタウンに居住している世帯の多くは，幕張ベ

イタウンへの強い愛着をもって居住していることは確かである。

転居予定と回答した世帯では，転居先の居住形態としてマンションの可能性が高いとしている世帯が大半である。戸建住宅への転居を想定している世帯は，自身で住宅の設計がしたいと答えた例や地方都市で農作業をしたいと答えた例などである。幕張ベイタウン居住者は，マンションからの転居先としてもマンションを志向する傾向が強い。

(6) 生活行動

ここでは，幕張ベイタウン居住者の生活行動を検討する。2009年および2010年に実施した現地調査によると，日常の買い物は主に配偶者が担っており，生協などの宅配サービスの他，近隣のスーパーマーケットなどの商業施設（幕張ベイタウンおよび幕張新都心，千葉市内）を利用するものが大半であった。買物客向けに循環バスを運行している近隣の商業施設が複数あり，これらを利用する世帯も多い。幕張ベイタウン内には青果店，コンビニエンスストア，飲食店などがあり，これらも日常的に利用されている。この他，千葉市および習志野市，船橋市の沿岸部には大型のディスカウントストアやホームセンター，大規模な商業施設が集積していることから，週末のレジャーを兼ねてこれらを利用する世帯も多い。衣料品の買物については，幕張新都心内の三井アウトレットパークや千葉市内の百貨店などを利用するものが多く，買物行動は全体として千葉市とその近隣都市で完結していた。

行動が広範囲におよぶ日常の行動は，文化活動（美術館や博物館）や，子の習いごとおよび塾通いであるが，前者は多いものでも月に1回程度東京都内の文化施設へ出かけるという回答であった。子の習いごとでは，スポーツチーム，スイミング・スクール，ピアノやバレエ教室に通うため，千葉市を中心に，習志野市や船橋市の施設も利用されていた。幕張ベイタウンでは，東京都や千葉県の私立中学校を受験する者が多く，将来的な受験を考慮して小学生のうちから塾を利用する世帯が目立つ。幕張ベイタウン内の塾のほか，新浦安駅や西船橋駅周辺の塾を利用するものもみられた。小学生の子をもつ世帯の配偶者の生活行動を模式的に示したのが図5-4であるが，日常的な行動範囲においては子

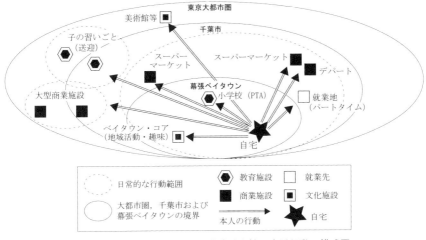

図 5-4　幕張ベイタウンに居住する女性の生活行動の模式図
（インタビュー調査により作成）

の習いごとや塾の送迎，文化的活動での行動範囲が広域にわたっていた。

　この他，配偶者の多くは，参加する頻度や教室数に差異はあるものの，幕張ベイタウン内の個人宅で開かれる料理教室や音楽教室，美術教室などに通っている。先述の通り，特技を活かした教室を主催する配偶者が一定数おり，これらの教室に通うものは幕張ベイタウン居住者が多数を占める。また，各街区には中庭があるため，中庭の植物を育成・管理する団体が作られている場合が多く，その参加者には女性居住者が目立つ。

　さて，世帯構成や年齢によっても生活行動は異なるため，男性居住者の生活行動を検討する。男性居住者の多くは，平日は東京都や千葉県の就業先で，休日は幕張ベイタウンで過ごすことになる。余暇時間には，地域活動や幕張ベイタウン内で行われるサークル活動などに参加するものもいる。地域活動としては，自治会やシニアクラブ，ボランティア団体などが主催する地区内のゴミ拾い運動や夜間の防犯パトロールなどが挙げられる。なお，ゴミ拾い運動や夜間のパトロールは，男性だけでなく女性居住者も参加している。

　次に，子世帯との近居を志向して転居した高齢夫婦や高齢単身者の生活行動

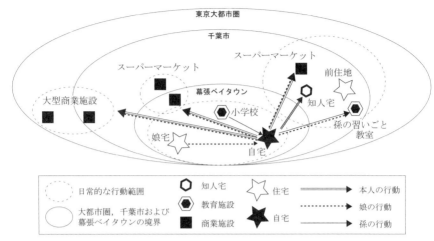

図 5-5　幕張ベイタウンに居住する高齢女性の生活行動の模式図
（インタビュー調査により作成）

をみると，近居する子世帯と協力し合って日々の買物，孫の世話などを行う例があった（主に娘世帯との近居の場合）。高齢女性の生活行動を模式的に示したのが図 5-5 である。この女性は，子育て期にある娘との近居を志向して千葉市内から幕張ベイタウンに転居した。日常の買物は，娘とともに前住地付近のスーパーマーケットなどを利用する。孫は女性宅へ帰宅することが多く，女性宅から習いごとや塾へ向かう。子世帯と別に行う活動としては，転居以前から継続している趣味や前住地付近での知人らとの交流がある。このように前住地および子の居住地に近接している高齢世帯の場合，幕張ベイタウン内での地域活動やサークル活動などに参加する必要性をあまり感じていないとするものが多かった。

最後に，幕張ベイタウン内の知人・友人関係をみると，先述の地域活動などを通して知り合ったものに加えて，マンションの共用施設を利用した居住者の集まり（入居時のウェルカム・パーティや映画観賞会など）を契機として知人・友人となる例もあった。また，居住者の親睦を深める機会として「ベイタウンまつり（毎年 5 月頃）」などの行事が開催され，フリーマーケットやサークル活動の成果発表などが行われていた。

5-3 幕張ベイタウンにおけるマンション購入世帯の現住地選択に関する意思決定過程

　本節は，2節で得られた居住者特性および居住地選択に影響する個人的背景を踏まえ，具体的に居住地選択に関する意思決定過程を示す。意思決定過程の分析に当たっては，先行研究を踏まえ，「転居の決定」および「転居先の探索」の過程において重視された項目や，各世帯の意思決定過程の具体的な事例を示す。事例世帯は，幕張ベイタウン居住者の全体像を示しうる代表的な事例を選定した。これらを通して，幕張ベイタウン居住者の現住地選択に関する意思決定過程を明らかにする。

(1) 転居の決定

　幕張ベイタウン居住者の転居のきっかけを図 5-6 に示した。初期入居の家族世帯では，住宅所有意欲の高まりや，幕張ベイタウンの計画や街並みを気に入って居住希望をもつようになったことなどを転居のきかっけとして挙げる世帯が目立つ。また，1999～2001年にかけて住宅金融公庫の金利が低下したことによって住宅所有意欲がわいたとする世帯，結婚や子の成長というライフイベントを契機とする世帯がその後に続く。一方，後期入居の家族世帯では，子の成長を挙げる世帯が多数となり，次いで社宅等の年齢制限や転勤など転居を推進する外部的要因によって住宅所有するようになっている。また，結婚を契機に住宅所有した世帯やベイタウンを気に入って居住希望を持ったと答える世帯は，初期入居の家族世帯と比較して減少している。

　これは，入居時期によって居住者特性に差異があったことが影響していると考えられる。つまり，初期入居時には，高所得者層で新開発への強い関心から移り住んだ世帯が多数であった。初期入居者は，文化施設や運動公園の新設を行政に嘆願したり[14]，開発計画に関わった建築家や学者ら[15]とともに街のソフト面の形成[16]に尽力したりするなど，幕張ベイタウンへの強い愛着を，生活利便性や生活の質の向上という形で昇華させてきた。一方で，入居時期が2001年以降になると，幕張ベイタウン内の諸施設やコミュニティ組織，サー

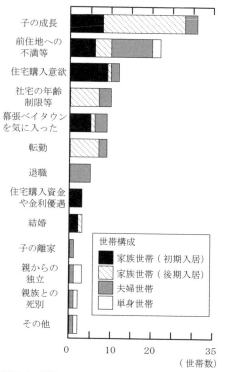

図 5-6　幕張ベイタウン居住者の転居のきっかけ
注：世帯構成は，図 5-3 と同様である。
（インタビュー調査により作成）

クル活動などが一定水準にまで達し[17]，生活利便性が確保された。千葉市内の周辺地区とは一線を画す高級な街として完成された環境に加え，住宅価格が下落したため，周辺地域に居住する住宅購入予備世帯にとって好ましい選択肢であった。

　夫婦世帯は，前住地への不満のほか退職などのライフイベントによって転居を決定していた。単身世帯は転居を決めたきっかけとして，前住地への不満，親からの独立，親族との死別を挙げている。

(2) 転居先の探索

表5-7は，幕張ベイタウン居住者の転居先の探索地域と，探索地域別の居住形態を示したものである．探索地域は，幕張ベイタウン内が圧倒的に多いものの，浦安市が競合先として挙げられた．浦安市の場合は，新浦安駅周辺の新築マンションとの比較をしたものが大半である．新浦安駅周辺の新築マンション

表5-7 幕張ベイタウン居住者の転居先の探索地域

(単位：世帯)

探索地域	マンション											
	新築				中古				賃貸			
	A-1	A-2	B	C	A-1	A-2	B	C	A-1	A-2	B	C
幕張ベイタウン内	41	38	23	5	1	8	3	1	1		2	
浦安市	10	12	5		1		1					
京葉線の周辺駅	14	5	3	2	1	2		1		2		
武蔵野線・総武線	9	7	4	1			1					
その他の千葉県内	6	4	4									
東京都	7	4	7	3		1						1
神奈川県	5	8	2	1	1	1						
その他	1	2										
小計	93	80	48	12	4	12	5	2	1	2	2	1

探索地域	戸建住宅							
	新築				中古			
	A-1	A-2	B	C	A-1	A-2	B	C
幕張ベイタウン内								
浦安市			2		1			
京葉線の周辺駅			2		1			
武蔵野線・総武線	1	1	4					1
その他の千葉県内	3	3	4			1		
東京都	1	2	3			1		
神奈川県	3		1		1			
その他			1					
小計	8	6	17	0	3	2	0	1

注：複数回答による．探索地域において，武蔵野線・総武線は，千葉県内の各沿線駅の周辺で探索したものを表す．京葉線の周辺駅は，検見川浜駅・稲毛海岸駅・新習志野駅など，海浜幕張駅の周辺3駅程度の駅周辺で探索したものを表す．世帯構成において，A-1は1995～2000年に入居した家族世帯，A-2は2001年以降に入居した家族世帯，Bは夫婦世帯，Cは単身世帯を表す．
(インタビュー調査により作成)

と比較した世帯は，分譲時期によって選択可能な住宅の条件が変化したことによる影響を強く受けていた。幕張ベイタウンの分譲と同時期には，新浦安駅から徒歩20分程度に位置するマンションが分譲されていた。価格帯としても，幕張ベイタウンと同等またはそれよりも割高であったことや，海に近接しているが砂浜海岸ではないことなどから，新浦安駅周辺の新築マンションは選択されなかった。この他，JR京葉線沿線や武蔵野線，総武線等の沿線での探索行動が多数確認された。また，東京都や神奈川県などとも比較している世帯もおり，探索範囲は比較的広範囲に及んでいる。

探索した住宅の居住形態をみると，新築マンションを対象にした探索が全比較居住形態数299のうち233（77.9％）を占める。新築のマンションに入居した世帯の多くが，新築のマンションを中心に探索していた。中古マンションへの居住者は15世帯であるが，初期入居の家族世帯（A-1）は2世帯，後期入居の家族世帯（A-2）は7世帯，夫婦世帯は6世帯であった。これらの世帯は，中古マンションを探索の対象として挙げた回答とほぼ一致する。このことから，現住居の居住形態と同じ居住形態を対象として探索をする世帯が大半であるといえる。

また，探索地域と居住形態の関係をみると，戸建住宅を探索した世帯では，幕張ベイタウンの周辺よりもその外縁の千葉県内で探索しており，佐倉市や八千代市，柏市のほか，千葉市内では緑区などを挙げている。特に，初期に入居した子離家後の夫婦世帯では，探索時期が1993～1995年付近と土地価格高騰期にあたる。当時は，千葉県内でも住宅販売価格が1億円程度となる住宅地が出現していた時期であった。

次に，探索地域の選定理由を示した表5-8をみると，住宅の立地する周辺地区の計画や景観，建て込み具合などを重視した世帯が世帯構成を問わず多い。幕張ベイタウンは，各マンションの住戸や各街区ではなく「街」を売るというコンセプトがある。幕張ベイタウン居住者が転居先を探索した時期は，戸建住宅地の中に高層マンションが建ち，日照権問題などで住民トラブルが起こる事例が多く報道され，問題視されていた。そのため，幕張ベイタウン内には，マンションしか供給されないことを評価した世帯が多かった。街全体が計画され

表 5-8 幕張ベイタウン居住者の探索地域の設定理由 (単位：世帯)

主な選択理由	A-1	A-2	B	C
都市計画（景観，インフラ整備等）	30	31	12	4
世帯主の通勤利便性	23	17	14	3
交通利便性	11	10	10	2
前住地への近接	5		5	
子の教育環境（公立の学区等）	11	43		
子育ての環境（歩道や公園等）	9	21		
両親・親族への近接（世帯主）	4	5	3	3
両親・親族への近接（配偶者）	10	11	1	
居住者や地域の活気	7	7	3	
海への近接や自然環境	2	10	13	2
新興住宅地志向	2	3		

注：複数回答による。世帯構成において，A-1 は 1995 ～ 2000 年に入居した家族世帯，A-2 は 2001 年以降に入居した家族世帯，B は夫婦世帯，C は単身世帯を表す。
（インタビュー調査により作成）

ているという点は，周辺の土地利用が予測できることを表す。そのため，マンションの周辺環境や，窓からの眺望を考慮して選択することが可能である。都市計画への高い評価によって幕張ベイタウンが選択されている。

　また，世帯主の通勤利便性や交通利便性という点では，総武線沿線等と比較して，京葉線は電車の本数や最終電車の時刻に不満はあるものの，混雑が少ないことを評価している世帯が多い。また，出身地が遠方である世帯や転勤の多い世帯には，空港および東京駅への近接が評価された。

　子育ての環境や子の教育環境を重視している世帯は，幕張ベイタウンを高く評価した。公立小学校の評判や私立中学校への進学率の高さなどから判断して，幕張ベイタウンは教育熱心な世帯が多い地区である。また，公園が多いことや歩道が広いこと，幕張ベイタウン内は石畳の道路のため自家用車のスピードが抑えられることなどから，子を安心して遊ばせられる環境であるという回答があった。

　また，探索地域の選定では，両親への近接を重視する世帯が 41 世帯おり，特に配偶者の両親との近接を求める世帯が 22 世帯と多数を占めた。新興住宅

地志向と答えた世帯は，夫婦とももしくはいずれかが郊外の新興住宅地にしか居住したことがないため，新興住宅地しか居住地として想定できなかったと答えた世帯である。

　転居経験が多く，自身の拠り所となる場所を持たない世帯の場合，埋め立て地における新開発で全員が「よそ者」である環境であることが重要な地域選択要因になっている。E世帯の事例を示す。E世帯の親世帯は夫婦ともに海外からの引き揚げという経験がある。親世帯は転勤の多い職業であり，転勤にともなう転居を繰り返した。世帯主はベイタウンに居住するまで 15 回を超える転居を経験しており，自身を「根なし草」であると評した。幕張ベイタウンは，全員が「よそ者」であるために心地よいと語った。世帯主の妹夫婦も幕張ベイタウン内に居住しており，親世帯はE世帯が幕張ベイタウンに居住する前に千葉市内に転居していた。幕張ベイタウンがE世帯やその親族にとっての「ふるさと」となっている。

　特定の住居を選択する段階では，価格や間取り，日当たり，小学校区，前面の土地利用や眺望などの実質的な面が評価された。初期入居世帯の場合，抽選に当選することが困難であったため，自身が申し込んだ抽選に外れ，キャンセル物件の中から抽選のない住居を選択した世帯もみられた。このような世帯は，幕張ベイタウン内の分譲マンションに居住することを，特定の住居の条件よりも重要視していた。

　一方で，住居の間取りの条件などが気に入ったために，地縁のない幕張ベイタウンに居住した例もみられた。単身のF世帯（女性）は，現住地への転居以前は神奈川県藤沢市の実家に居住しており，母親の他界を機に独立を決意した。当初は，神奈川県内や東京都内で探索をしていたが，間取りや広さを気に入る物件に出会えなかった。不動産会社の会員用情報誌で取り上げられていた幕張ベイタウンの物件の間取りを気に入ったため，モデルルームを見学し，購入を決意した。幕張ベイタウンにおいては，単身向けの住居の供給は限定的であるが，東京都内等で供給される物件と比較して，広さや内部の間取り，デザインの面で多様であったことが高く評価された。

(3) 意思決定のパターン

　図5-7は，幕張ベイタウン居住者の現住地選択に関する意思決定のパターンを示したものである。ベイタウン限定探索とは，幕張ベイタウンを気に入っていたり開発計画の時点から興味をもっていたりした世帯が，幕張ベイタウン内のマンションに限定して探索したものである。後期入居の家族世帯では，多くの世帯がこのパターンを示したが，幕張ベイタウンの賃貸マンションや所有マンションに居住していた世帯の住み替えが含まれるためである。また，夫婦世帯の約半数もこのパターンであったが，これは前住地が千葉市内など近隣である世帯が，不動産業者などの情報で幕張ベイタウンを知り興味をもって転居してきた世帯や，広告や新聞記事などで取り上げられる幕張ベイタウンに興味を

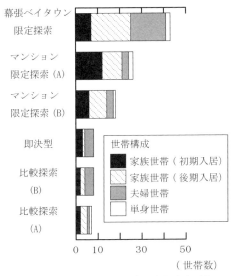

図5-7　幕張ベイタウン居住者の意思決定パターン

注：マンション限定探索はマンションに限定して探索を行ったものを表す。(A) は，現住所の周辺のマンションで探索を行い，(B) は，特定の場所を東京大都市圏内で選定して探索を行った。即決型は，たまたまモデルルームなどに立ち寄ったことがきっかけとなり，マンション購入を決意し住居の決定までを行った。比較探索は，戸建住宅などの他の住居形態との比較を行って現住居を選択したもので，(A) および (B) は前述と同様である。世帯構成は，図5-3と同様である。

(インタビュー調査により作成)

持ち現地へ足を運んだ世帯のためである。

　マンション限定探索とは，マンションに限定して情報収集などの探索行動をとった世帯であり，特に幕張ベイタウンおよびその周辺でのみ探索したものを周辺探索（local search）とし，探索範囲が広範囲であり，特定のスポット（特定の住宅地開発やランドマーク）を数か所周り探索したものをスポット探索（spot search）とした。居住地選択においては，選択者が多くの情報を持ち認識している地域と，転居先の探索地域には強いつながりがあるとされている（Wolpert 1965；Brown and Moore 1970）。しかし，マンション限定探索のスポット探索の意思決定パターンをとる世帯は，過去に居住した経験がなく，親族や友人も居住していない地域であっても，メディア情報などで取り上げられる知名度のある住宅地に探索地域を設定している。東京都内，横浜などで探索したが価格面や周辺環境が条件に合わず，探索範囲を千葉県内に広げたG世帯の事例を示す。世帯主は，東京都内や横浜市と比較して，知名度や地域イメージの点で千葉県内の住宅地は劣ると判断していた。新浦安駅周辺や幕張ベイタウンは，東京大都市圏内でも知名度がある地域であったため，探索地域に加えたとしている。新浦安駅周辺と幕張ベイタウンという組み合わせのスポット探索世帯は多くみられ，知名度のある住宅地の選別が行われていた。

　即決型とは，転居を決定していない世帯が，余暇を兼ねてモデルルーム見学などをした際に，気に入り転居を決定し，住居の選択までの一連のプロセスの大半を完結するものである。初期入居の家族世帯と夫婦世帯，小数ではあるが後期入居の家族世帯にみられた。これらの世帯は，周辺から散歩などを兼ねてモデルルームを見学した世帯と，幕張新都心内の施設などを利用した際に偶然立ち寄り決定した世帯に分かれる。このような世帯は，潜在的な住宅需要者であり，早急に転居の必要はないものの，何かしらの住宅ニーズを持っていた。1990年代後半以降のマンション供給増加で，新聞広告等での情報が氾濫しており，転居を決定していない世帯であっても住宅情報に触れる機会が多かった。そのため，「冷やかし半分」でのモデルルームの見学は，一種の余暇活動のように行われていた。高齢の夫婦であるH世帯は，千葉市内に居住していた。海岸線の散歩を兼ねて幕張ベイタウン周辺に立ち寄り，モデルルームを見学し

た．前住地では設備面で不安があり将来的なリフォームを計画していたが，早急に転居しなければならない理由はなかった．H世帯の世帯主は園芸の趣味があるため，園芸ができる広いベランダのある住居に出会ったことで，転居を即断した．配偶者も気に入ったため，転居と住居の購入を決定した．

最後に，比較探索とは，戸建住宅と比較して探索する世帯であり，周辺探索（local search）とスポット探索（spot search）とを分類した．幕張ベイタウンのみの探索もスポット探索の一種であるため，全世帯の約6割が，スポット探索のパターンをとった．

図5-8は，幕張ベイタウン居住者の探索方法と，探索期間および意思決定パターンの関わりを示したものである．ほぼ全世帯がモデルルームの見学もしくは現地視察を行っており，意思決定のパターンおよび探索期間に関係なく，重要な探索方法であるといえる．新聞広告や新聞記事，ポスティング広告についても同様である．周辺探索を行う世帯にとっては，不動産業者からの情報および住宅情報誌などでの評価が重要視されている．地域を知っている世帯が探索するため，限られた地域の中でより条件に合った住宅を探索するためのチャンネルを広げることが目的である．また，建設業や不動産業界に勤務する世帯主や，これらの業界の知人や友人をもつ世帯は，幕張ベイタウンについての高い評価を伝え聞いていた．住宅情報誌を利用している世帯では，比較的探索期間が長く，探索期間が2年以上に及ぶ世帯の割合が高まる．

インターネットを利用している世帯では，スポット探索を行った世帯が多数を占める．過去に居住したことがなく，馴染みのない地域を探索する際の基本的な情報源としてインターネットは利用されていた．幕張ベイタウンに関する情報としては，小学校区の評判に関する掲示板などをみたとする世帯が多い．ベイタウン居住者の交流の場として機能していたインターネット上の掲示板において，住民に住み心地や街の様子を尋ね，掲示板上での交流がベイタウンを選択する上で重要であったとする世帯もみられた．しかしながら，先行研究における予察と比較すると，探索期間の短縮にはあまり効果を発揮していない．また，探索者が多くの情報を持ち，認識している地域を探索するという傾向があったが，インターネットの利用によって，探索地域の限定が意味をなさなく

90　第1部　マンション居住の進展とその意義

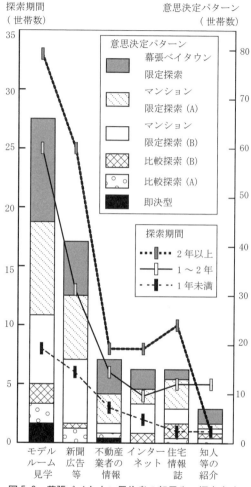

図 5-8　幕張ベイタウン居住者の転居先の探索方法
注：新聞広告等は新聞記事・新聞広告・ポスティング広告を含む。住宅情報誌は，不動産業者が発行する会員登録者向けの住宅情報誌を含む。探索期間は，探索開始から入居までの期間を表す．意思決定パターンは，図5-7と同様であり，(A)は，現住所の周辺のマンションや戸建住宅との間で探索を行い，(B)は，特定の場所を東京大都市圏内で選定して探索を行ったものを表す。
（インタビュー調査により作成）

なるという予察がなされている。この点に関しては，過去に居住したことのない地域であっても，インターネットを通じて情報を得て転居している世帯が多くみられたことから，予察と合致していた。インターネットを利用しての探索を行った世帯は，2000年以降の入居者に限定されている。また，具体的な物件情報の探索や絞り込みという目的でのインターネット利用は限定的であり，モデルルーム見学や新聞広告・記事などの情報源の補助的な役割を果たしている。

5-4 幕張ベイタウンにおけるマンション購入世帯の居住地選択の特性とマンションの役割

(1) 幕張ベイタウンへの評価

1990年代後半以降は，地価の下落によって都市中心部におけるマンション供給が増加し，郊外住宅地は競争力を失っていた。このような中で，幕張ベイタウンは，東京大都市圏の新都心として開発され，欧風景観・高度な都市インフラ・高所得者層の街という条件を有していた。幕張ベイタウンは，マンションのみで開発され，都市計画や都市デザインの面で先進的な取り組みを行った新興住宅地である。また，公立小学校の教育カリキュラムや壁および塀のない校舎がメディアに取り上げられてきたこともあり，家族世帯にとっては「ステイタス」の高い住宅地となっている。また，初期に入居した世帯は高所得者層であり，文化活動や教育に熱心に取り組み，地域のソフト面の充実などを居住者自身の手で行ってきた。街の景観やインフラ面の魅力以上に，居住者像や幕張ベイタウンでの生活への憧れが付加価値となっている。高いステイタスのある地域というイメージが形成されたことによって，幕張ベイタウンに限定した探索行動などのスポット探索を行う世帯が多く集まった。さらに，公園緑地が多く，歩道が広いなど子育て期の世帯にとっての環境が揃い，東京都内へも近接している環境であることは子育て期の世帯に評価されている。

(2) 居住経歴と居住選好の関係

　幕張ベイタウン居住者は，親世帯が大都市圏郊外での住宅購入を経験している郊外第二世代である世帯が多く，彼らの「根なし草」という意識が埋立地における新開発地への選好に少なからず影響を与えていた。全員が「よそ者」であるからこそ，年齢や居住年数に関係なく，幕張ベイタウンでのコミュニティ活動や街づくりに関わっていけるという意識がみられた。

　また，幕張ベイタウン居住者の親世帯は，幕張ベイタウン内やその周辺に移り住む傾向があることが確認された。特に,配偶者の両親との近居傾向が強く，これらの呼び寄せ移動が中古や賃貸マンションの需要の一部を支えている。親世帯は，通勤距離との関係から，居住経験や親族の居住していない地域での住宅購入を行った。住宅を購入した地域に居住する中で形成された人間関係に対して愛着を持っているとしても，「土地」や「家屋」に対する愛着を強く有していたわけではなかった。そのため，全住地および子の居住地に近接した地域への転居に対する抵抗が少なく，親族で幕張ベイタウン内に集住し拠点をつくっていた。

　中澤ほか（2008）では，郊外の住宅団地居住者の将来的な居住に対する意向で，子の元へ転居しての同居を希望する世帯よりも，住宅を増築するなどして子世帯を呼び寄せたいと希望する世帯が多いことが示された。戸建住宅居住者を主とする住宅団地では，土地家屋を処分するためのコストがかかることや不動産の流通性が低いという点で，転居が相対的に困難であると思われる。幕張ベイタウン居住者の親世帯は，千葉市内の分譲マンションや分譲の公団住宅などからの転居者が多いこともあり，郊外の戸建住宅地区とは異なった傾向が確認された。

(3) 郊外新開発地におけるマンションの役割

　郊外化の過程では，郊外において戸建住宅を購入することは，高いステイタスを有していた。しかし，バブル経済崩壊後の地価下落によって，都心中心部におけるマンション開発が進行し，通勤利便性が高くシンボル性の高いタワーマンションなどが増加した。このような中で，ステイタスの高い居住形態は，

必ずしも郊外の戸建住宅ではなくなったと考えられる。

　バブル経済期以降の住宅開発地は，競争力が不可欠となった。郊外住宅開発は通勤距離という点では都心部のマンションに劣るため，郊外の強みを生かした開発計画によって対抗した。つまり，「埋立地における新開発」，「街並みや都市計画」，「教育環境」という総合的な地区計画に加え，高所得なサラリーマン世帯を対象とする「高級街区」として供給が開始された。久保（2008）では，バブル経済期以降の地方都市中心部におけるマンション購入世帯の現住地選択の特性として，地方都市中心部のもつ高いステイタスと高級マンションという条件が重要であったことを示した。地方都市の中心部においては，歴史性や地形条件，教育環境などが地方都市周辺地域に居住する転居予定者にとって，ステイタスを形成する要因となった。一方で，幕張ベイタウンにおいては，歴史性や地形条件といった条件とは逆の特性がステイタスと高めることに貢献した。つまり，地域に歴史がない埋立地における新開発地であることが，郊外に居住してきた「根なし草」という意識を持つ居住者に評価された。このように転居予定者の個人的背景によって，評価される項目は異なるが，場所のもつ特性と高級感が開発地のステイタスを高め，競争力のある住宅地を形成している。

　郊外におけるバブル経済期以降の住宅開発地は，郊外に居住経験を持つ世帯の新たな受け皿として機能している。郊外に居住経験を持つ世帯がすべて郊外を志向するわけではないが，郊外で育った世帯が住宅を取得しようとする際に，親族と近接し，自身と似た価値観を持つ居住者が集まる地域を選好する傾向があることが確認できた。幕張新都心は，業務機能だけでなく，居住機能という点でも郊外における中心性を有しており，東京大都市圏における東郊の中心地であることも，幕張ベイタウンのステイタスを高めている。

6章 マンション購入世帯の現住地選択に関する意思決定からみたマンションの役割

本章では，マンション購入に関する意思決定過程のモデルに関して議論する。また，マンションの居住者特性と居住地選択からみた東京大都市圏の居住地構造の特性と変容に関して考察を行う。

6-1 マンション購入世帯の現住地選択に関する意思決定モデル

(1) 水戸市中心部および幕張ベイタウンの事例におけるマンション購入世帯の現住地選択に関する意思決定モデル

水戸市中心部および幕張ベイタウンにおけるマンション購入世帯の現住地選択に関する意思決定過程では，行動論的二段階モデルを基礎としながらも，以下のような特徴がみられた。まず，水戸市中心部においては，居住形態としてマンションを選択する段階によって，意思決定過程や選択要因に差異がみられる。つまり，転居先の探索の過程でマンションを選択している世帯では，先行研究で述べられた特徴と酷似する。しかし，特定のマンションができたことで転居を決意している世帯では，意思決定過程が簡潔で特定の住戸の選択が主要な要素となる。

また，居住形態の決定が転居先の探索過程に与える影響が大きく，マンションに限定した居住地選択を行う場合，マンションの立地地域が限定されるため，転居先の希望地域を設定する段階に制限を与えている。居住形態の選択要因は，各世帯の経済状況や世帯構成に加え，将来的な実家継承など親族との関係による影響を強く受けていた。

次に，幕張ベイタウン居住者の意思決定パターンは，幕張ベイタウンというステイタスの高い住宅地とマンションという居住形態の特性という2つの要素

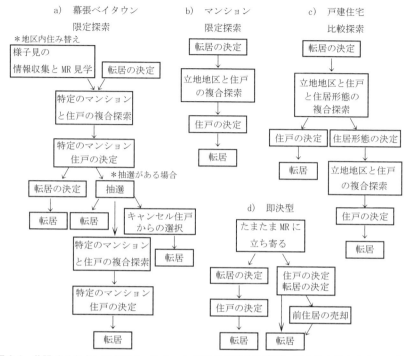

図6-1　幕張ベイタウンにおけるマンション居住者の現住地選択に関する意思決定方法の模式
注：MRはモデルルームを表す。複合探索は，特定の住戸や物件に対して，地域や住居形態，住戸などの2つ以上の要素を合わせて総合的に判断し，比較を行うものを表す。

によって，既存モデルとは異なったものとなった（図6-1）。「転居の決定→転居先の探索」という図式が成り立たない例が多く確認された。幕張ベイタウンにおけるマンション購入世帯の現住地選択に関する意思決定パターンは，転居の決定以前から幕張ベイタウンへの憧れなどを持っていたために，幕張ベイタウンに限定した探索行動をとる世帯が最も多かった。また，モデルルームなどに立ち寄ったことで転居の決定から住居の選択までが結びついて決定される即決型のような探索行動がみられた。幕張ベイタウンの地名度もあって，スポット探索が大半の転居世帯の探索パターンとなった。つまり，転居の決定に始まり，希望領域の設定，探索地域の選定，住居の選定という一連のプロセスを経

て新居へむかう意思決定過程のモデルが必ずしも当てはまらないと考えるべきであろう。

　しかしながら，所有住宅間の住み替えや，所有住宅の購入を即決するという図式は，戸建住宅の購入に関しても同じように当てはまるとは限らない。戸建住宅の購入と比較して，マンション購入世帯は，意思決定がスムースに行われやすい条件を有していたと考えられるためである。マンションは，比較的定まった住戸モデルが提示されており，それらの中から購入者のニーズに合うものを選択することになる。また，流動性がある居住形態であり，水戸市の中心部や幕張ベイタウンは資産価値の面でも，中古や賃貸としての需要が見込めるため，有利であろう。

（2）マンション購入世帯の現住地選択に関する意思決定モデル

　マンション購入世帯の現住地選択に関する意思決定パターンは，マンションという居住形態の浸透度合いと，過去の居住経験によって影響を受け，以下のような特性を有していると考えられる。

1）Brown and Moore（1970）などによって示されてきた「転居の決定」，「転居先の探索」を主とする行動論的二段階モデルに則ったパターンをとる世帯は，マンションという居住形態が浸透していない地域ほど多い。

2）マンションという居住形態が浸透していない地域においては，これまでの意思決定の各段階に加え，「居住形態の選択」をする段階が全体の意思決定パターンを決定する重要な要素である。

3）地方圏においては，マンションに限定した探索を行う際には，マンション供給地域が限定されるために空間的な制約を受ける。

4）マンションという居住形態が普遍化していくに従って，「即決型」のように既存モデルにそぐわない意思決定パターンをとる世帯の割合が増加する。

5）「スポット探索」にみられるような「探索者が十分な地域の情報を有していない地域」での探索を行う世帯は，大都市圏内における住宅開発が増加し，住宅地間の競合が激化する中で増加しつつある。

6-2 マンション市場の特性からみた都市の居住地域構造の特性と変容

(1) 1990年代後半以降のマンション購入世帯の現住地選択の特性

　東京都心部などにおいては，単身女性や夫婦共働き世帯，中高年の富裕層などが主たるマンション居住者であった。江東区などの東京湾沿岸の新開発地においては核家族世帯向けのマンションが供給されたとはいえ，一般の核家族世帯が志向する住宅や居住環境は東京都区部では限られた選択肢であった。こうした中で，郊外の新開発地は，東京大都市圏に居住する核家族世帯への良好な居住環境を提供した。郊外は大都市圏の居住機能を支えていることに変わりはないが，郊外での住宅取得者の居住経歴は郊外化の時代とは異なる。1990年代後半以降のマンション供給増加によって，大都市圏内において世帯構成や社会階層によるすみ分けが顕著になったといえる。都心部は，比較的裕福な小規模世帯を中心とした居住地区となり，核家族世帯が居住する郊外地域は，東部においては，都内でも新開発地である東京湾岸部から幕張新都心にかけての地域へと，郊外化の時代よりも都心に近接した。郊外核として成長した幕張新都心であるが，居住者の大半が東京通勤であった。つまりは，幕張新都心への通勤者が居住する第二次郊外がその周辺に形成されていることになり，大都市圏の居住地域構造の変容は再確認された。

　一方，地方圏においては，単身世帯や夫婦世帯，中高年夫婦世帯がマンションを永住的な所有形態として受容しているものの，核家族世帯にとっては戸建て意識の高さや実家継承の有無，転勤による転居予定者などがおり，必ずしも永住形態として機能しているわけではない。地縁・血縁を有する世帯が地方都市の中心部での利便性，ステイタス性を志向して居住している。地方において高いステイタスとして評価される要素は，教育水準の高さ，歴史性など，街の「格」につながる要素である。

　以上を踏まえると，1990年代後半以降のマンション供給増加によって住宅を取得した世帯の居住地選択においては，高いステイタスのシンボルとしてマンションが購入されたといえる。これまで，大衆的な居住形態で，戸建住宅購入までの通過点としてとらえられてきたマンションであるが，現代においては，

必ずしも戸建住宅が優位な居住形態ではなくなっている。マンション居住が普遍化し，マンションでの生活を経験した世帯が増加している中で，居住地および居住形態の選択は，個人や世帯の社会階層や収入に加え，価値観を反映して行われるようになっている。中澤（2004）は，「住宅双六からライフスタイル居住へ」と副題をつけ，現代の居住地選択行動が，受動的かつ画一的なものから，選択者の価値観などを反映したものへと変貌していると述べている。マンションは，多様な世帯構成や社会階層に対応し，不動産の流通性や資産価値の維持などの面では戸建住宅よりも優位である。居住地選択は世帯の収入や世帯構成に大きく影響を受けるものであるため，経済的制約の中で仕方なく住宅を選択している世帯ももちろん存在する。しかしながら，都心部や都市中心部，郊外核などでのマンションを選択する世帯は，自身の価値観を住宅に投影し選択できる世帯の割合が高く，そのために高いステイタスを有する地域での住宅購入を選好したと考えられる。

(2) マンション購入世帯の現住地選択に関する意思決定過程からみた都市の特性

事例地区におけるマンション市場の特性を居住者の移動経歴によって示した概念図が図6-2である。単身世帯や若年夫婦，中高年の夫婦世帯など，マンションを受容する世帯は，いずれの都市においても居住者の大半をしめる。郊外においては，核家族世帯が多数である。大都市圏の都心部は，永住空間としての認知が進んでおり，世帯構成や社会階層の点で多様な世帯が都心やその周辺部から転入した。また郊外においても永住意識を持って居住したいとする世帯が多いことが確認された。郊外における新開発地は，郊外第二世代や郊外第一世代の住宅買い替えなどによってマンション需要が形成されていた。このように，大都市圏の都心部や郊外においては，大都市圏内が一体となってもモザイク状の居住地域構造を形成し，探索者の住宅ニーズや社会階層，世帯構成によって住宅購入する地域が選択されている。

一方で，広域中心都市や地方の中心都市において転居希望とする世帯には，2種類のパターンがある。つまり，戸建住宅の購入や実家継承を前提とする転

a) 水戸市中心部におけるマンション居住者の属性とマンション市場の範囲

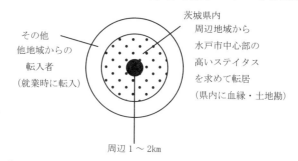

b) 幕張ベイタウンにおけるマンション居住者の属性とマンション市場の範囲

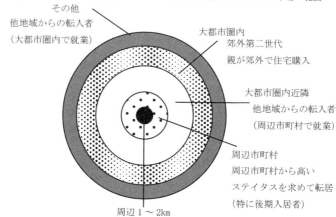

図6-2 事例地区におけるマンション居住者の移動経歴からみたマンション市場の特性

居予定世帯と，転勤などで居住することになったため将来的に定住する見通しが立たない世帯である。広域中心都市においては，企業の支店の配置が多いことから後者の割合が高いと考えられる。水戸市などの地方中心都市においては，前者が卓越している。居住経歴などをみても，茨城県内に地縁・血縁のあるものが水戸市中心部のマンションへ転居する割合が高く，県内程度に市場がまとまっている。

これらの特性を踏まえて関東地方におけるマンション市場の特性を示した概念図が図6-3である。大都市圏内の都心部を中心に成熟したマンション市場が

6章 マンション購入世帯の現住地選択に関する意思決定過程からみたマンションの役割　101

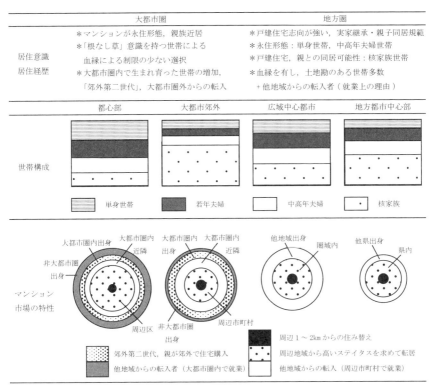

図 6-3　日本における都市の性格によるマンション居住者特性の模式

形成されている。その周辺に 1970 年代後半以降に開発された郊外ニュータウンをはじめとする戸建住宅市場が存在している。郊外における新開発地や東京江東区などの湾岸の新開発地は，これらの郊外戸建て地区や郊外のマンション地区を含む大都市圏のマーケットに組み込まれており，このような地域の特性の中で「スポット探索」をとる世帯が多かったと考えられる。

また，大都市圏の戸建住宅地の外縁には，地方のマンション市場が独立して成立している。これらの地域においては，行動論的二段階モデルに基づきつつも，マンション供給地域が限定的であるために探索地域が限定される探索行動がみられた。つくば市など鉄道新線の開通によってマンション開発が進んだ地

域は，周辺市町村からの転入が卓越すると考えられることから，地方圏における特性を有すると考えられる。

6-3　第1部のまとめ

第1部では，戦後日本の住宅市場の特性を踏まえてマンション居住の浸透過程を概観し，東京都心部におけるマンション供給の変容過程を検討した後，東京大都市圏の外縁に位置する水戸市と近郊の幕張ベイタウンを事例として都市の特性によるマンション居住者の特性をまとめ，それらを踏まえたマンション購入世帯の現住地選択に関する意思決定過程と現代日本の住宅市場におけるマンションの役割を明らかにした。明らかになったのは以下の通りである。

1990年代後半以降，マンションの供給が増加したことによって，大都市圏内や地方都市中心部の居住機能が高められた。各都市や住宅地開発の特性によって居住者の特性は異なるものの，単身世帯や夫婦のみ世帯，中高年夫婦世帯などマンションを永住形態として受容している世帯は一定数おり，これらの世帯が市場にどれだけ存在しているかは，各マンション市場の成熟度と結びついている。また，核家族世帯に関しては，戸建住宅志向が高く，周辺地域に継承するべき実家を有している世帯が多いことが地方圏の特徴である。さらに，転勤に伴って地方に転入した世帯は，転居しやすく住宅の質の面でも優れたマンションを志向する傾向があることから，広域中心都市とその他の地方都市における核家族世帯の特性は，転勤による転入者の割合によって説明が可能である。

他方で，郊外においては，核家族世帯が過半数を占めており，マンションが永住形態として浸透している。大都市圏の都心部においては，バブル経済期以後に地価が下落したとはいえ，価格や間取りの点から核家族が購入可能なマンションの供給が限定されており，郊外における新開発地は大都市圏内の核家族世帯の転入先として機能していた。郊外におけるマンション居住者の親世代は，郊外において住宅を購入しているため，郊外での居住経験を有する世帯が多く含まれた。つまり，非大都市圏から大都市圏に転入し，郊外化を引き起こした

世代の次の世代が住宅購入年齢になり，大都市圏内のマンション供給増加による居住地構造の変化を大きくけん引してきた可能性が高いといえる。

　マンション居住者特性の差異，つまりマンション市場の差異は，都市の特性を如実に表す一つの指標である。既存研究および本研究によって，日本におけるマンション供給の代表的な地域である大都市圏の都心部，郊外，地方圏における事例が蓄積され，現代のマンション需要に対して一定の普遍性を有する特性が示された。今後は，現代における重要な居住形態となったマンションの特性を示す上でも，住宅探索者の居住地選択に関してより深く個人的背景を踏まえた研究蓄積が行われることが重要となろう。また，マンションの増加にともなう大都市圏のミクロなすみ分けに関する実証的な研究が待たれる。

謝辞および出典

　第1部の調査では，調査対象地域の自治体および居住者の皆様に大変お世話になりました。また，執筆にあたっては，筑波大学名誉教授の田林　明先生をはじめとして筑波大学生命環境科学研究科の教員および院生諸氏からご指導やご意見を賜りました。首都大学東京研究員の小泉　諒氏には一部の作図をお願いしました。ここに記してお礼申し上げます。

　本研究の遂行に当たっては，日本学術振興会特別研究員奨励費（DC2）「東京大都市圏におけるマンション供給にともなう都心空間の変容に関する地理学的研究（課題番号 09J00338，2009～2010年度/研究代表者　久保倫子）」，同特別研究員奨励費（PD）「マンション供給にともなう都心空間の変容に関する国際比較研究（課題番号 11J07412，2011～2012年度/研究代表者　久保倫子）」の支援を受けた。

　第1部は，筑波大学大学院生命環境科学研究科に提出した博士論文（2010年11月）の一部に，以下の既発表の論文の内容を加えて再構築したものである。

久保倫子（2008）：水戸市中心部におけるマンション購入世帯の現住地選択に関する意思決定過程　地理学評論，81，45-59．

久保倫子（2010）：幕張ベイタウンにおけるマンション購入世帯の現住地選択に関する意思決定過程　人文地理，62，1-19．

久保倫子（2010）：マンションを扱った地理学的研究の動向と課題－日本での研究を中心に－　地理空間，3，43-56．

久保倫子（2011）：住宅からみる日本の都市空間　地理，56（5），48-60.
久保倫子・由井義通（2011）：東京都心部におけるマンション供給の多様化－コンパクトマンションの供給戦略に着目して－　地理学評論，84，460-472.
久保倫子・由井義通（2011）：大都市圏におけるコンパクトマンションの増加と背景　日本都市学会年報，44，58-63.
久保倫子（2012）：大都市郊外－マンション地域－　山本正三ほか編『日本の地誌　第2巻　日本総論Ⅱ（人文・社会編）　追補』朝倉書店，579-586.
久保倫子（2014）：東京湾岸地域のタワーマンションの隆盛と住民のくらし　地理，59（4），23-31.
Kubo, T. and Yui, Y.（2011）: Transformation of the Housing Market in Tokyo since the Late 1990s: Housing Purchases by Single-person Households. *Asian and African Studies*, 15(3), 3-20.

【第1部注】
1) マンションとは，一般には中高層集合住宅（3階建以上）を指し，condominium や apartment house に当たるものである。2000年に「マンションの管理の適正化の推進に関する法律」（マンション管理法）のなかで，「二以上の区分所有者が存する建物で人の居住の用に供する占有部分のあるもの並びにその敷地及び付帯施設」と定義された。なお，一般には中高層のものをマンションとするが，分譲・賃貸は混在することが多く明確な区分は困難である。よって，本章では分譲が卓越する高層集合住宅に対象を絞る。
2) Preston（1986，1991）は，マンションが戸建住宅と比較してアフォーダブル，つまり居住世帯にとって安価で購入しやすい居住形態であるという認識がなされていることから，それまで住宅購入経験のない世帯が居住しやすいと述べている。一方で，高級マンションの供給が主流である都市もみられることから，一概にマンションがアフォーダブルな居住形態とはいえないとも指摘している。
3) 家族社会学においては，日本の家族システムに関して2つの潮流がみられる。第一は，「夫婦家族制転換仮説：直系家族制から夫婦家族制に転換したとするもの」であり，第二は「修正直系家族制仮説：若年世帯が一時別居を経て，二世代同居に向かう修正直系家族制に移行しているとするもの」である。加藤（2003）は，日本の家族システムは，実践的なレベルにおいて「修正直系家族制」が優位であると示した。
4) メジャーセブンとは，大京，東急不動産，東京建物，野村不動産，三井不動産レジデンシャル，藤和不動産，三菱地所，住友不動産の8社を指す。当初は，7社が共同でマンション情報サイトを開設していたが，後に東急不動産が加わり8社となった。藤和不動産は，2009年に三菱地所の子会社となった。ただし，メジャーセブンは，主要なマンション事業者群につけられた名称であり，学術用語として広く認識されている用語ではない。本研究においては，8社の集合体に対する名称としてこの用語を用いることとする。

5) 1棟がすべてコンパクトマンションであり,かつそれらのマンションに特別なブランド名を付けているものを示す。
6) 居住世帯の特性に関する研究は,由井(1986, 1993, 1996),香川(1989)など,多くの蓄積がみられる。
7) 「全国マンション市場動向(不動産経済研究所)」によると,1996〜2002年に水戸市において供給されたマンションは,中心部に立地するものの平均坪単価が50.4万円で,平均階数が15階,平均敷地面積が2,435.9m^2である。一方,郊外に立地するマンションは,平均坪単価が36.8万円,平均階数が8.1階,平均敷地面積が2,818.3m^2である。中心部に立地するマンションは坪単価が相対的に高いことから,多様な利用目的や世帯規模に対応するため,間取りが多様である。
8) 水戸市三の丸は,水戸城跡地に業務施設や公共施設が集中した地区である。また,国立の小学校や有名進学高校が集中している。水戸駅に近接するため,生活利便性が高いこともあり,水戸市内では良好な地域イメージが確立している地区である。
9) Morrow-Jones(1988, 1989)は,所有住宅間の移動は,高所得の既婚カップルが住宅の質の向上のために行う,「地位や名誉のシンボル」としての住居取得行動であることを示しており,3-A世帯もこれに当てはまる。
10) 若林ほか(2002)では,バブル崩壊以後のマンション供給について,過剰供給のために単身者向けのマンションが増加しているが,公団住宅や公営住宅においては,現在もなお単身者が軽視されていると指摘している。単身者のマンション購入が増加している背景について由井(2000)は,就業構造の変容,単身女性の住宅問題,マンション供給者側の戦略が働いていると述べている。
11) 「幕張新都心住宅地 都市デザインガイドライン」に沿って都市デザインが統一される仕組みに対して,1999年に住宅地としては初めて「グッドデザイン賞施設部門 アーバンデザイン賞」を受賞した(幕張ベイタウン誕生10年記念誌制作委員会2005)。
12) 幕張方式とは,土地を千葉県が所有し,土地の定期借地権および建物の所有権を居住者が得る分譲方式である(千葉県企業庁1997)。
13) 平井(1999)は,大都市圏郊外の高齢者転入行動において子の呼び寄せが重要な動機であることを示した。
14) 幕張ベイタウンにおいて公民館の役割を担うベイタウン・コアは,2001年に完成した。また,打瀬三丁目公園などテニスコートに関しては,幕張ベイタウン内のテニスサークル団体が自主管理を条件に設置を呼び掛けていた。
15) 幕張ベイタウンの事業計画調整委員会には,蓑原 敬氏をはじめとする7人の建築や都市計画および都市デザインの専門家が選出された。蓑原氏は,幕張ベイタウン自治会連合会内のまちづくり委員会の活動に現在も参加している。
16) 幕張ベイタウンにおいては,各マンションから自治会役員を選出し,自治会連合会を形成している。賃貸および分譲の37のマンションのうち28が管理組合を,15が自治会を組織している。21の自治会または管理組合が自治会連合会に加盟している。オブザーバーとして加盟しているものが3棟ある(自治会連合会資料による,2009年4月時点)。幕張ベ

イタウン自治会連合会には,現在 11 の委員会が下部組織として設置されている。下部組織は,まちづくり,環境緑化など多岐にわたる活動を担当しており,幕張ベイタウン内の生活利便性や生活の質の向上に寄与している。

17) 幕張ベイタウン・コアの利用団体として 2009 年度登録されているのは,55 団体である(打瀬公民館利用団体一覧による)。

第2部　郊外住宅地の衰退と持続可能性

1　第2部の課題

　バブル経済の崩壊以降，都心居住が大きな潮流になる中，それまで人口流入の著しかった郊外は，居住者の高齢化などの問題を抱えるようになっている。日本の住宅市場は，欧米と比較して中古住宅市場が脆弱であり，住宅購入後の移動率が低い。現代においても，住宅取得者の約70％が新規に住宅を購入もしくは新築していることからも，新築住宅への選好が著しいことがわかる。また，日本の郊外住宅地の多くは，大都市中心部へ通勤する世帯が居住するベッドタウンとして計画され，戸建住宅を中心に一斉分譲されてきた。一斉に分譲された住宅地などでは，ライフステージや収入，居住選好などの面で似通った世帯が一度に転入し，このように転入した世帯の加齢にともなって高齢化が顕在化する。さらに，非高齢人口（主に子世代）が離家・転出することで，高齢化に拍車がかかる（由井 1991；香川 1987；長沼 2003）。これにより，ゴーストタウン化する住宅地も出てくるとの危惧がある（長沼ほか 2006；中澤ほか 2008）。

　郊外住宅地が衰退し始めた要因として，①都心や近郊における住宅開発が魅力を増す中で，通勤時間の長い郊外住宅地の魅力が相対的に低下してきたこと（Hirayama 2005），②世帯規模の縮小により核家族世帯であっても必ずしも郊外の戸建住宅地を必要としなくなってきたこと，③共働きを継続するために都心近郊のマンションを選択する世帯が増えるなど女性の社会進出が進んだことなどが挙げられている。こうした郊外の変化については，人口減少に伴い都市圏が縮小していく過程の現象であるとする見方（江崎 2006）が提示されている。

　第2部では，郊外住宅地における地域社会の実態，高齢化と住宅タイプの関

係性などを事例研究により検討し，日本において持続的な住宅地を形成するための仕組みを探る。

2　第2部の研究方法

　日本においては，年齢や世帯構成，職業や収入による一種のソシアル・セグリゲートが郊外住宅地開発の前提にあったといえる。ソシアル・セグリゲートを基礎にした住宅開発に加え，住宅購入後に転居率が低下する日本の住宅慣習の影響を受け，供給された時期に入居した居住特性は継続して残存し，年齢構成上の高齢化が起こりやすくなる。こうした現状を踏まえ，ソシアル・セグリゲートと対極の思想であるソシアル・ミックスの有用性を検討することにより，日本の住宅地を持続的に維持管理捨て行くための仕組みが導けると考えられるのである。

　居住者の高齢化による諸問題を解消し，住宅地の居住環境やコミュニティを維持，向上させていくためには，ミックス・ディベロップメントが有効であると考えられる。ミックス・ディベロップメントは，住宅の形態や分譲時期を多様にすることであり，これによって居住者の年齢や社会階層，世帯構成に多様性をもたせること（ソシアル・ミックス）が可能である。

　人種や階層間の軋轢が大きい欧州（特に英国）では，1960年代頃から，ソシアル・ミックスの考え方を住宅地の計画に取り入れ，労働者階級に多くの機会を与えることで，住民間の軋轢を減らし，居住性の高い調和のとれたコミュニティを作ろうとしてきた歴史がある（Sarkissian 1976）。英国やカナダでは，都市の住みやすさを高めるためにソシアル・ミックスが見直されている。持続的で調和のとれたミックス・コミュニティを有する都市は，国際化する社会で評価を高め多くの居住者を惹きつけることができるという（Florida 2003；Rose 2004）。こうした歴史の中で良好なソシアル・ミックスを実現しているのが，カナダの都市である。カナダは，米国に接していながら英国の福祉社会的な思想を取り入れたため，適度に資本主義的な要素と福祉社会的な要素が合わさって社会が成立している（Bourne and Ley 1993）。裕福な移民が多いこ

ともあり人種や社会階層間の軋轢が英米と比較して極めて少なく（Moos and Skaburskis 2010），良好な多文化共生社会が形成されている。また，共働き世帯の居住する地区として都心部が好まれている点（Ley 1996）など日本と共通する部分を有するため日本との比較に適している。

　そこで，第2部においては，まず，日本の郊外住宅地における居住環境の変容の様子を概観する。次に，日本の郊外住宅地においてソシアル・ミックスを実現している事例として成田ニュータウンを取り上げ，成田ニュータウンにおける住民の居住特性と地域コミュニティの性質を明らかにし，日本にあったソシアル・ミックスの方向性を探る。最後に，良好なソシアル・ミックスを実現しているとされるカナダの都市の実態について，既存研究などを元に整理する。以上により，日本において持続的な住宅地の維持管理システムを構築するために必要とされることを探る。

7章　郊外住宅地における居住環境の変化

7-1　郊外住宅地における地域社会の衰退

　郊外住宅地においては，居住者の高齢化と若年（子）世代の離家が進行することにより地域の活気が失われ始めている。こうした状況が進行する中で近年注目されているのが，管理不全な空き家の増加である。空き家は，若者のたむろ場所となったり，ごみなどの不法投棄が行われたりしやすく，地域の治安悪化を招きやすい。また，虫食い的に空き家が増加し居住者が減っていくと，地域コミュニティが弱体化したり，空き巣や詐欺，新興宗教などの集団が進入しやすくなったりする。管理不全な空き家が近所にあれば，周辺住民にとっては不安や憂鬱を引き起こしかねない。さらに，行政の立場に立てば，所有者が特定できない空き家が増加すれば税収が減少したり，地域の治安維持のために余計な費用が必要となったりする弊害も考えられる。このように，郊外住宅地での空き家増加は，様々な問題を引き起こしかねず，早急に対応が求められるものであるといえる（樋野 2013）。

　空き家発生の実態や空き家の利活用に関しては，主に建築や都市住宅学の分野において成果がみられる。大谷ほか（2007）は，空き家化しやすい条件として，建替えのしやすさに影響する接道の幅員，少子高齢化の程度や世代交代の進み具合，延べ床面積を挙げている。また，友枝ほか（2003）は，GISを活用して郊外戸建住宅地における空き家・空画地を把握し，空き家・空画地の規模のばらつきがそれらの利活用を阻んでいること，また住宅の建設年次，規模（延べ床面積）および世帯主の年齢により転居しやすさに差異があることからひとつの住宅団地の中で空き家化が同じように進むわけではないことを示した。さらに，斜面住宅地における単身高齢者の居住動向を扱った富永ほか（2005）に

よると，単身高齢者は斜面傾斜地のような立地条件が悪く社会的サービスの需給にも支障がでる住宅に居住していても居住継続する傾向があり，入院などにより転居しても住宅を保持するために空き家化したり，住宅継承が進みにくくなったりすることが示されている。また，吉田（2010）は，統計資料により東京大都市圏の郊外住宅地における空き家問題を検討しているが，実態解明には至っていない。

　つまり，空き家の発生には地形的条件（丘陵地や斜面など），地域の社会経済的条件（居住者の年齢構成など），住宅の条件（住宅形態，占有面積など）と，世代交代の進捗具合（住宅継承や売却の可否）などの諸条件が影響を与えており，極めて地理的な現象ととらえることができる。既存研究においては，特定の住宅地における空き家化の実態を把握しようとしたものが主であり，大都市圏郊外で空き家が増加する過程や要因，また空き家化に対する自治体の対応を分析したものは少ない。そこで，以下では東京大都市圏郊外における空き家発生の実態とその対策を分析する。

7-2　大都市圏における空き家化の進展

（1）空き家の増加

　総務省統計局「住宅・土地統計調査」によると，日本における空き家は，別荘などの二次的住宅，賃貸や売却の空き家，その他の空き家に大別される。空き家の戸数は増加し続けており，特にその他の空き家の増加が著しい。同様に住宅に占める空き家の割合をみると，空き家全体では人口減少の顕著な山陰地方や大都市圏の縁辺部に位置する県での割合が高い。また，空き家の類型別にみると，大都市圏の郊外では賃貸や売却用に保持されている空き家の割合が高く，一方で人口減少地域ではその他の空き家が多い傾向にある。つまり，人口減の地域では中古住宅としての需要が少ないために，単に空き家のまま保持されたり放置されたりする住宅が多いが，大都市圏の郊外では比較的中古や賃貸住宅の需要がある。しかし，郊外の空き家の多くは賃貸や売却されずに居住実態のないまま長期間放置されることも多い（由井ほか2014）。

先行研究でも触れられているように，空き家の増加と居住者の高齢化は切り離せない。東京大都市圏における戸建住宅の分布と高齢者の割合をみると，郊外住宅団地の開発が多く行われた 30km 圏以遠で戸建住宅の割合が高いが，高齢者の割合も同様に高く，戸建住宅の卓越する地域で高齢化が進行していることは明らかで，これらが世代交代を経て空き家化しつつある。

(2) 空き家増加に対する自治体の取り組み

元来，空き家問題は人口減少の著しい過疎地域の課題として扱われており，国土交通省によって空き家の再生や利活用に関する事業が行われたり，空き家を有する自治体や NPO が中心となって空き家バンクを運営したりする例が確認されている。しかし，大都市圏内での空き家増加に伴い，国土交通省による空き家対策事業の対象も都市部に拡大される動きがみられるようになってきた。たとえば，平成 25 年度予算案の「空き家再生等推進事業・除去事業タイプ」では，過疎地域以外でも不良住宅や空き家撤去の推進地区等が対象とされている。また，新成長戦略（平成 22 年 6 月 18 日閣議決定）の「中古住宅・リフォーム市場の倍増」に基づいて，新築住宅を中心とした住宅市場から中古住宅の利活用へ方針を変えるべく「中古住宅・リフォームトータルプラン（平成 24 年 3 月）」を検討することとなった。これは，2020 年までに中古住宅流通・リフォーム市場規模の倍増 (20 兆円) を提案するものである。つまり，「スクラップ・アンド・ビルド」型で新築の所有住宅供給を重視してきた第二次世界大戦後の日本の住宅市場および住宅政策を，より持続的で多様性を有するものへと変換させようとするものである。

一方で，大都市圏の郊外地域における空き家増加の問題に対応すべく，空き家等の適正管理に関する条例を設けて対策にあたる自治体が大都市圏の郊外で増加している。埼玉県所沢市が「所沢市空き家等の適正管理に関する条例」を制定し (2010 年 10 月)，増加する管理不全な空き家の対応にあたるようになったのをきっかけに大都市圏郊外での空き家条例制定の動きが強まった。また，東京特別区部においては，足立区が「足立区老朽家屋物の適正管理に関する条例」(2011 年 10 月施行) を設けている。これらの条例に追従する形で，茨城

表7-1 東京大都市圏における空き家条例制定の動き

空き家条例名称	条例制定年月	担当部署
所沢市空き家等の適正管理に関する条例	2010年10月1日	危機管理課（警察と連携）
松戸市空き家等の適正管理に関する条例	2012年4月1日	生活安全課
牛久市空き家等の適正管理及び有効活用に関する条例	2012年7月1日	交通防災課（適正管理）都市計画課（有効活用）
横須賀市空き家等の適正管理に関する条例	2012年10月1日	都市計画課（調査・利活用）建築指導課（指導）
さいたま市空き家等の適正管理に関する条例	2013年1月1日	環境総務課（区政推進課，交通防犯課，消防局と連携）
市川市空き家等の適正管理に関する条例	2013年1月1日	住環境整備課
小平市空き家等の適正な管理に関する条例	2013年1月1日	防災安全課（2010年6月まで環境保全課）
八王子市空き家の適正管理に関する条例	2013年4月1日	暮らしの安全安心課
千葉市空き家等の適正管理に関する条例	2013年4月1日	市民サービス課
大田区空き家の適正管理に関する条例	2013年4月1日	建築調整課
柏市空き家等適正管理条例	2013年9月1日	防犯安全課

（自治体資料およびインタビュー調査により作成）

県牛久市，つくば市，千葉県千葉市，市川市，神奈川県横須賀市，東京都八王子市などが空き家等の適正管理に関する条例を制定している（表7-1）。

本研究では，これらの自治体の空き家条例担当部署に対し，2013年3～9月にインタビュー調査を実施した。以下では，各自治体による空き家等の適正管理に関する条例を制定するに至った経緯，条例制定後の取り組みや相談内容，空き家化の実態について比較検討する。

7-3 空き家条例の制定と空き家対策

(1) 空き家条例制定の経緯

空き家条例を制定するに至った経緯は，①役所内の環境整備や防犯，建築にかかわる部署などに集まってきた空き家に関する相談を取りまとめる窓口を設ける必要に迫られたもの，②議会が先導して条例を制定したもの，③それまでに空地管理の条例や建築基準法に則って行政指導を行っていたが，それらでは空き家問題に対応しきれなかったことなどの理由により条例制定に至っている

ものが多い。

　空き家条例制定に至る経緯の差異を反映して，空き家条例の担当部署も多岐にわたっている（表7-1）。国の空き家対策は国土交通省（建築，土木分野）が担っているが，これに倣っているのは大田区，市川市，横須賀市である[1]。大都市圏における空き家条例の先駆者である所沢市は交通・防災・防犯系の部署が担当しており，牛久市，松戸市，柏市，小平市など比較的早い時期に条例を制定した自治体がこれに続いている。また，複合的な部門が担当している八王子市では，空き家に関する相談を内容に応じて法律相談や宅地建物取引協会の不動産相談などへつなぎ，空き家化を未然に防ぐ取り組みを進めている。空き家問題は，建物そのものの脅威（建物倒壊や飛散），環境衛生上の脅威（雑草・草木繁茂，害虫），治安上の脅威（不審者，放火）などを含む複雑な問題である。そのため，多くの自治体は市庁舎内で複数の関係部署と協力して問題解決にあたっている（表7-3も参照）。

（2）空き家条例制定後の取り組み

　空き家条例の内容を比較すると，行政代執行の有無で分類することができる（表7-2）。所沢市をはじめ多くの自治体では，調査や助言，指導，勧告，命令，氏名公表を行う。一方，横須賀市や市川市，つくば市などはこれらに加えて行政代執行も行う。インタビュー調査によると，行政代執行を含まない自治体では，行政代執行を明記することによって周辺住民から空き家をすぐに撤去して

表7-2　インタビュー回答自治体による空き家条例の概要

条例		該当する自治体
公表	行代	
○	×	所沢市　牛久市　さいたま市　小平市 大田区　八王子市　柏市
○	○	松戸市　千葉市　横須賀市　市川市 つくば市

注：「公表」は，調査・助言，指導，勧告，命令，氏名公表までの段階を含む。「行代」は行政代執行の略である。
（自治体資料およびインタビュー調査により作成）

表 7-3 空き家条例制定後の相談件数および内容

自治体	調査日(2013年)	相談件数	対応件数	相談内容
所沢市	3月22日	266件（条例施行前からの案件含む）	解決186, 勧告14, 命令3, 更地49	①樹木・雑草の繁茂, ②屋根やアンテナ, 雨どいの一部破損や飛散
松戸市	3月22日	201件（条例対象は142件）	文書指導68, 口頭指導39, 調査中46	①雑草・樹木繁茂（環境衛生部門へ）②家屋に対するものは震災以降増加して37件程度（建築指導課へ）③防犯に関するものは少ない
牛久市	3月21日	106件（個人からの要請50件程度, 他は自治会からの要請）	88（所有者と連絡とれたもの61）	①樹木・雑草繁茂②住宅の一部損壊や飛散
横須賀市	8月21日	113件	134回（同じ建物に対して対応したものも含む）	①建築指導48件②環境管理45件③生活衛生15件など
さいたま市	8月23日	82件（2013年度のみ）	41件	受付件数①雑草・樹木の繁茂②家屋の倒壊③ごみなど
市川市	8月22日	2012年度170件, 条例後273件（2012年8月～翌年7月）	384件（解決済98件, 指導中286件, 管理良好な空き家45件）	①雑草・樹木繁茂②老朽家屋の一部破損や飛散③害虫④道路占拠など
小平市	8月19日	2012年度66件, 2013年度22件	雑草・害虫59件, 建物劣化19件, 防犯問題10件	①雑草・害虫59件②建物劣化19③防犯問題10件
八王子市	8月22日	28件（条例の対象外4件含む）	解決3件, 相談6件, 指導中7件, 調査中8件	①雑草・樹木繁茂②住宅の一部損壊・飛散など
千葉市	8月9日	2012年度112件（条例前；管理不全空き家68件）, 2013年度193件	105件に指導	①雑草・樹木繁茂が大半②建物の一部損壊・飛散など
大田区	8月19日	55件（43件が空き家）	43件（14件が管理不全）	①ごみの放置や不法投棄, ごみ屋敷②防犯上の問題を有する家屋（建物の老朽化）③害虫や動物の侵入など
柏市	3月21日	196件	179件(51件改善)	①樹木・雑草繁茂（58%）, ②瓦やアンテナ破損等（26%）③危険家屋（6%）④その他害虫など（10%）

注：調査実施日現在で自治体が集計しているものをまとめた。相談件数には, 条例の対象外となる物件（適正に管理されている空き家や居住実態のある住宅など）も含まれる。
（自治体へのインタビュー調査により作成）

解決するべきだという声が強まることを懸念していた。これらの自治体では，空き家という個人の所有財産を巡る民事の問題に対して公的立場が強く介入することは避けたいと考えており，できる限り所有者による解決を望んでいるためである。また，行政代執行が可能な自治体であっても，調査時点で行政代執行を行ったものはなく，あくまで最終手段であるとの声が聞かれた。

　空き家の相談に関しては，個人および自治会から寄せられるが，条例制定の際に広報などで周知した効果もあり制定後に件数が増加したとする自治体が多い。ただし，市庁舎内では空き家対策の特別部署を設けているわけではないため，2～4名程度の職員が通常の業務（建築指導や防犯，環境整備など）に加えて空き家相談に対応している。表7-3は，空き家条例制定後の相談内容をまとめたものであるが，相談の大半は雑草・樹木の繁茂であり，住宅の一部損壊・飛散は東日本大震災後に増加している。害虫やごみの放置など環境衛生上の問題に対する相談もみられる。

　次に，空き家の利活用に関する取り組みを検討する。横須賀市は，空き家問題の深刻な谷戸地区を中心として，多様な事業を展開している（写真7-1）。具体的には，老朽危険家屋解体費用助成事業，県立保健福祉大学の学生による

写真7-1　横須賀市谷戸地域における空き家発生の実態
　左：住宅が立地する地区に向かう途中の急斜面
　上：空き家化した住宅の様子
　　　　　　　　　　（2013年久保撮影）

空き家居住事業[2)]，近隣スーパーとの連携による買い物宅配サービスの提供，高齢者転居支援事業（谷戸地区から他地区への転居促進）などがある。また，老朽家屋を取得し建替えを行う45歳未満の方に対しては，住宅建替費用助成事業を実施する。

　最後に，住宅リフォーム助成事業は，65歳以上もしくは障害者のいる世帯，義務教育を受けている子のいる世帯と空き家がその対象となっている。このほか，市川市は，一般社団法人移住・住みかえ支援機構（JTI）による「マイホーム借り上げ制度」の情報を提供するなどの具体案を検討している。

（3）空き家化の実態

　各自治体の空き家条例対策部署の担当者へのインタビュー調査をもとに，空き家が放置される要因をまとめたのが表7-4である。空き家化が進む要因は，①高齢化や相続に関係する要因，②経済的要因，③制度上の問題，④地域的課題，⑤その他に分類される。すべての自治体に共通しているのは，高齢化と相続に関する要因および制度上の問題である。これらは自治体単独で対応可能な範囲を超えた問題であるといえる。また，自治体によって個別の条件，つまり地域的課題が存在しており，横須賀市の谷戸地区のように地形的な制約により

表7-4　大都市圏郊外地域において空き家が放置される要因

高齢化・相続要因	①高齢になった両親が子の住宅や施設・病院へ，②相続した子が売却時期を見計らって放置している，③所有者死亡後相続がまとまらない
経済的要因	①所有者に資力がなく対応できず，②所有者が遠方で対応できず
制度上の問題	①民事に行政が介入することが問題，②相続放棄された空き家を寄付する方法が明示されていない（国庫没収／市に寄付が可能でも取り壊し費用の問題），③更地化を進める税制上の枠組みがない（更地にすると固定資産税の減免廃止で負担増となるため廃墟を残してしまう）
地域的課題	①横須賀市谷戸地域：地形的制約により住宅へのアプローチが困難で放棄される，②1960～70年代に開発された狭小住宅地や既存不適格住宅の密集地など
その他	①もともと問題のあった住宅（家庭問題，火災など），②入居しないままの空き家

（自治体の空き家条例担当部署へのインタビュー調査により作成）

空き家が放置されやすい事例もある。また，家庭問題や経済的困窮など個別の要因も空き家化に大きく影響するため，空き家問題をより複雑にしている。

同様に空き家の集中する地区についてまとめると，全域的に点在している自治体もあるが，旧来の住宅密集地や，ミニ開発の地区，東京通勤者のベッドタウンとして 1960〜70 年代頃に造成された住宅団地で空き家が発生しやすい傾向があるという。横須賀市では，道路が狭く斜面に設けた階段によって住宅に辿りつくような谷戸地区で空き家問題が深刻であった。具体的には，法改正前の駆け込み開発のために接道がないなど，建替えに不適で売却しにくいものが空き家として放置される例が聞かれた。また，バブル経済期における土地価格高騰の影響で，通勤圏の限界に狭小な住宅地が大量に造成されたものの，近隣に工場や企業などの就業地がない場合，第二世代は他地域へ転出するしかなく，第一世代が他界したのちにも第二世代が戻ることを困難にしている。このような地域では，相続後に空き家が放置されやすい。

7-4　本章のまとめ

大都市圏の郊外住宅地における空き家問題は，1960〜70 年代頃に開発された戸建住宅地で深刻である。第一世代の高齢化と第二世代の離家が進行し，世代交代や相続を機に空き家が放置されることで問題化している。さらに，地域的条件（地形，住宅開発の経緯，就業環境および通勤距離，住民の社会経済的属性）や，郊外住宅地の地域性も空き家増加に影響している。つまり，第一世代の多くは，消極的理由で居住している他地域出身者であり，「根無し草」のような感覚を有している居住者が多い[3]。彼らの居住する住宅地は，居住機能に特化した地域であり，就業や文化など他の都市機能はより高次な都市に依存しているため，居住者を地域につなぎとめる要素が乏しいと考えられる。住宅地の物質的な条件と社会的，心理的な条件とが複雑にからみあい，空き家化の進展過程に影響を与えている

世代交代時に空き家化することを防ぐためには，まずは①居住者が長期入院や子との同居，他界などによって家を空ける前に住宅の処理や相続に関して子

世代などと取り決めをするように促すこと，次に②自治会と子世代が連携するなどして，空き家や空き地を管理不全なまま放置しないような体制を作ること，③更地化を進めるための税制上，および助成金などの仕組みを構築すること，④相続人から空き家のある市町村へ土地・住宅を寄付したいとする申し出があった際に，寄付を容易にする手続きを明確にすることなどが重要となる。①②に関しては，住民およびその子世代と地域社会との連携によって実現が可能なものである。ただし，個人情報保護の観点から，子世代と自治会が緊急時に連絡をとりあうことも大変困難な状態にある。

また，③④に関しては，国が指針や具体的な手順を示したり，新たな制度を設けたりしなければ，空き家を多数有する自治体は独自の対策を打ち出す前に八方ふさがりになる現状を改善できない。つまり，空き家に関するすべてのしわ寄せ（空き家の周辺住民からの苦情，空き家の調査や所有者への連絡等の負担，将来的な税収減など）は自治体に寄せられるものの，法律や税制を前にして自治体は身動きが取れない状況に陥っているのである。固定資産税の制度上の問題があり更地化が進まないなどの実情や，空き家等を市町村へ寄付するための具体的な方法が提示されないなか，予算の限られた自治体が独自に空き家問題への抜本的な対策を打ち出すのは大変困難である。

最後に，空き家問題解決に向けて各分野からなされてきた政策への提言について，本稿の結果をもとに再検討したい。近年，シュリンキング・シティやコンパクトシティ化の議論において郊外住宅地の空き家問題が扱われることが増えている。たとえば，吉田（2010）は茨城県や千葉県の通勤限界圏で放棄住宅地や，空き地が埋まらない「未成住宅地」が多く残されていることなど，東京大都市圏の外縁部にある住宅地の実態を分筆のデータから検証した。さらに，統計資料の分析を基にして，郊外住宅地における空き家と賃貸住宅にはトレードオフ関係があることを示し，空き家を減らすには賃貸住宅を増やすべきとの持論を述べている。しかしながら，住宅地における空き家増加の過程を分析した研究では，住宅を賃貸住宅として活用した後に完全な空き家へと化す傾向があるとの指摘もあり（西廣ほか2005），必ずしも賃貸住宅の増加が空き家化を防ぐ効果を有するとは言えない。

都市のコンパクト化を進めるべきとの意見は確かに示唆に富んでいる。しかしながら，大都市圏レベルでコンパクト化を進める場合に，市域の多くが高度経済成長期に造成された住宅地であるような自治体やその住民を切り捨てていく政策が採られるならば，居住の権利が侵害されることとなる。国民の居住の権利を守ることを前提として，持続的な郊外住宅地の居住環境を形成する政策および地域社会の仕組みを創ることが求められているのである。

また，郊外住宅地の「地元化」や親子近居志向など郊外住宅地での新たな動きにも注目が集まっている（吉田 2010；川口 2007）。東京都心部へ通勤するサラリーマンに向けたベッドタウンとしての郊外住宅地の範囲は 1990 年代以降に縮小しており，都心居住による職住近接を志向する若年世帯が増加している（久保・由井 2011；小泉ほか 2011）。一方で，既存の郊外住宅地への転入者は，住宅地の周辺で生まれ育った若年の核家族世帯であったり，住宅をリフォームして転入した高齢世帯であったりするという（吉田 2010）。団塊ジュニア世帯の居住地移動を分析した中澤ほか（2012）は，親子近居を志向する団塊ジュニア世帯が一定数存在していることを示している。さらに，既存の大規模住宅地における親子近居（特に妻方の親子近居）の増加傾向も指摘されている（香川 2011；久保 2010b）。これらをまとめると，大都市圏の居住地域構造や住宅取得者の居住選好が大きく変わる中で，郊外住宅地に求められる役割も変化していると考えられる。これらの新動向を反映した住宅地再生の道筋を導くことが求められる。

今後，1960〜70 年代に開発された郊外住宅地の多くで，居住者の高齢化と世代交代が急速に進行することが予想される。これらの地域で管理不全な空き家が急増することは想像に難くない。国と自治体，不動産業界，地域住民とが一体となって，早急に空き家化を防ぐための仕組みを構築する必要がある。そのためにも，大都市圏における空き家発生メカニズムについて地理的な実態調査を継続するとともに，国内外でのモデルとなる事例や仕組みを収集し，日本の大都市圏郊外地域に応用できるように検証していくことが求められよう。

8章 成田ニュータウンにおけるミックス・ディベロップメントの実態

8-1 本章の課題

(1) 本章の研究目的

　日本における郊外住宅地は，1960年代以降急速に供給が進められた。非大都市圏出身者の住宅取得先として，大都市圏に集中した人口の受け皿となったのがこれらの住宅地であり，日本における郊外住宅地は，非大都市圏出身で都心に通勤するサラリーマン世帯のベッドタウンとして開発されてきた（谷1997；川口1997）。ハワードの田園都市構想によるレッチワースなどの郊外住宅地は，職住近接を基盤とした比較的自立的な居住地域であったが，日本においてこのような発想のもとに供給された居住地域は限定的である。福原(2005)によると，多摩ニュータウンや千里ニュータウンの初期の計画において，自立的な住宅地とするかベッドタウンとするかの議論がなされたが，深刻な住宅不足の解消のため，ベッドタウンとしての開発が選択されたという。ベッドタウンとしての郊外住宅地の特性は，以下のように示されている。

　千里ニュータウンなどを扱った研究では，均質的な年齢および世帯構成の居住者が一度に転入していることや（金城1983），居住者の加齢と非高齢人口の転出によって，住宅地全体の高齢化の進行が懸念されている（長沼ほか2006）。また，均質的な住宅供給がなされ，似通ったライフイベントや年齢に達した居住者が転入し定着することから（由井1999），郊外は経験的に均質的な空間であるとされてきた。郊外の均質性に関して，中澤ほか(2008)は，東京都心から同距離に位置する2つの郊外住宅地を事例として，第一世代の高齢化と第二世代の定着または離家が同じように進行するのかを検証した。その結果，第一世代の特性においては比較的均質的であった居住者特性は，世代交代

を契機として社会階層などの面における微妙な差異が表面化しており，郊外の住宅地が必ずしも均質的な特性を有する居住空間ではないことが示された。これらを踏まえると，郊外住宅地の多様性を踏まえた研究はますます重要になると考えられる。

本章では，郊外住宅地における多様性の実態と有用性を検討するため，ミックス・ディベロップメント型の住宅地開発が行われた成田ニュータウンを事例として，居住者の転居歴などの特性，住宅地の維持管理にかかわる各主体の動き，住宅形態や住民の社会属性と高齢化の進展具合の関係性を明らかにする。

(2) 本章の研究方法

郊外住宅地の持続性を考える上で，筆者はソシアル・ミックスの概念が鍵になると考えている。ここでは，ソシアル・ミックスについての議論を整理し，研究対象地域を位置づける。

ソシアル・ミックスは，都市計画上の重要概念として永きにわたり議論されてきた。英国都市計画者の Foley (1960) は，都市計画の目的は，都市の物質的側面（住宅や道路など）を向上させることによって，よりよい都市コミュニティと都市的生活を提供することであると述べており，このような英国都市計画者らに共通する認識がソシアル・ミックスの基礎をなしている。つまり，労働者階級と中流階級をうまく調和させること（ソシアル・ミックス）によって，良好な住宅地および居住環境を形成しようとしたのである。

Sarkissian (1976) は，ソシアル・ミックスの目的を以下のように述べている。まず，労働者階級や社会階層の低い住民の生活水準を向上させる働きをもつとしている。つまり，労働者階級だけの住宅地と比較して，住宅地内の建造物の美観が向上し，よりよい文化的教育的機会への接触頻度を増やすことが可能となるのである。また，多様な階層を混住させることにより，人種や階層間の軋轢を押さえ，調和の取れたコミュニティを形成することが出来るとも述べられている。これらの結果として，安定した住宅地を形成しやすくなるという (Sarkissian 1976)。都市における多様性の重要さは，都市計画の古典『アメリカ大都市の死と生』（ジェイン・ジェイコブス著，山形裕生訳 2010）において

も繰り返し述べられている。多様な職業，年齢，人種の人々が一日を通して行き来する環境こそが活気ある都市づくりには必要不可欠なのである。

しかしながら，人種や社会階層間の軋轢が大きいアメリカ合衆国や発展途上国の都市では，住民の社会経済特性が均質的である住宅地，しかもゲートなどで閉じられたソシアル・セグリゲート型の住宅地開発が好まれてきたことも事実である。たとえば，Evans(1976)は，ソシアル・セグリゲート型のコミュニティの方が，ソシアル・ミックス型のコミュニティよりも地区の経済的繁栄につながりやすいと述べており，このような考えがセグリゲート型の住宅地（ゲーテッド・コミュニティなど）を推進する原動力となっている。日本において，1960年代以降に大量に供給された郊外住宅地の多くは，アメリカ型の，つまりソシアル・セグリゲート型の開発であった（福原 2005）。戸建住宅を一斉分譲する手法がとられることが多かったために，住宅地には年齢や世帯構成，収入などの似通った世帯が集住しやすい状況が生まれたのである。

しかし，日本では郊外住宅地の居住環境悪化が深刻な課題となり，また世界規模でもグローバル化や知識・情報化の進展により，都市に求められる環境が異なってきた。こうした中で，ソシアル・ミックスの考えが"Livable City"の文脈で再評価されるようになっている。近年では，英国やカナダなどの都市計画において，暮らしやすい都市，住みやすい街を作ることが重要視されるようになっている（Lees 2008）。Florida（2003）によると，グローバル化が進み知識や情報が重視される経済が普及したことにより，Livabilityが都市の競争力を高めるための必須条件になってきたという。調和がとれた持続的なコミュニティをもつ居住環境こそが，現代の都市づくりや都市計画の必須課題になったというのである。収入，文化，年齢やライフステージの段階，そしてライフスタイルの面で多様な人材を受け入れるソシアル・ミックス型のコミュニティを実現することは，都市の魅力を発信する上でも重要な戦略となっている（Rose 2004）。

都市政策の観点から，ソシアル・ミックスの利点は以下のようにまとめられる（Schoon 2001）。第一に，公的な資源に対する意識の高い中流階級の住民がいることで，居住環境の向上が期待される。第二に，住宅の所有形態や住民の

社会階層の面で多様な地域では，富が一部に集中している地域よりも経済を大きく発展させることが期待できる。さらに，ソシアル・ミックス型のコミュニティでは，地域の社会関係資本をうまくつなぎ結束させることが期待できる（Putnam 1995）。これに加えて，英国の都市計画家を中心にして，所有形態を多様にすることも持続的なコミュニティ形成の鍵と考えられるようになっている（ODPM 2005）。たとえば，街区再生事業を行う際に所有形態を多様化することが多い（Graham et al. 2009）。

　英国やカナダの都市計画や都市政策ではソシアル・ミックスについての議論が深まっているものの，日本の都市においてソシアル・ミックスの有用性が語られることはまだ少ない。貴重な事例としては，千葉県のユーカリが丘ニュータウンの取り組みが有名である。ユーカリが丘ニュータウンでは，マンション，アパート，戸建住宅などの多様な形態の住宅を基礎とし，老人ホームや病院，クリニックを地域に設けている。ライフステージに併せて地域内で住み替えることを可能にした街である。山万株式会社が住宅の販売だけでなく，こうした地域システムの管理・運営に責任を持つ点でも画期的な取り組みである。しかし，現在の住宅市場では，このような地域システムを大規模に展開することは大変困難であり，未だ全国に広がってはいない。

　意図的にソシアル・ミックスを実現しようとしたユーカリが丘ニュータウンに対して，多様な住宅形態を提供したことで自然とミックスが起こっている例として成田ニュータウンを挙げることができる。そこで以下では，成田ニュータウンにおけるソシアル・ミックスの実態とその効果を検証する。

　具体的な調査では，成田ニュータウン自治会連合会役員および成田ニュータウン自治会連合会に加盟する自治会や町内会の役員へのインタビュー調査と，居住者へのインタビューおよびアンケート調査を行った。2008年11月および2009年5月から8月にかけて現地調査を実施した。本研究では成田ニュータウン自治会連合会および各自治会の協力を得て，地区内の分譲住宅の供給時期と形態が異なる4地区にアンケートを配布した。玉造地区では110世帯に配布し，23世帯から回答を得た。吾妻地区では120世帯に配布し，24世帯から回答を得た。中台地区では110世帯に配布し，38世帯から回答を得た。加良部

地区では100世帯に配布し，11世帯から回答を得た。成田ニュータウン自治会連合会や各自治会の役員へは，地域行事への取り組みや，各地区内に組織されている自治会の下部組織などにについてたずねた。アンケート調査においては，居住歴などの世帯属性，文化活動や自治会などの主催する活動などへの参加状況，友人関係，そして居住者の特性をたずねた。

(3) 研究対象地域の概要

本章の対象地域である成田ニュータウンは千葉県成田市にあり，東京都心から50km圏内，成田空港から西に約8km，JR成田駅から西に約2kmに位置している（図8-1）。国勢調査2005年による成田ニュータウン人口は約3.3万人，世帯数は約1.4万世帯となっている。これは人口・世帯数ともに国政調査2005年による成田市全体の約10万人，4.1万世帯の成田市全体の34%にあたる。形状は東西2.5km，南北3kmから成り，標高10mから40mの丘陵地である。土地利用は，宅地が231.5ha（47.9%），道路用地が96ha（19.9%），公園が60.1ha（12.4%）となっている（成田市都市部都市計画課2007）。

1) 住宅地開発と人口の推移

成田ニュータウンは，1968年に千葉県企業庁による新住宅市街地開発事業として全域が一体に整備された市街地で，1978年の成田空港開港にともない空港関連就業者への良好な住宅環境提供のために計画された経緯をもつ。また，成田ニュータウンは東京都心50km圏内にあるため，当初から自立したニュータウンとして計画された。日本の多くの郊外住宅地が都心部への通勤を前提としたベッドタウンであるが，成田ニュータウンは職住近接によるハワードの田園都市構想を基盤とした郊外住宅地として成立したといえる。徒歩圏内での生活を充実させるため，地区センターとして赤坂などの商業地区，サブセンターとして各地区にショッピングセンターを設置し，それらを結ぶ緑道を設置した[4]。この緑道は集合住宅内で子供や高齢者を守るため車が入ってこないように作られた歩行者専用道路である。この緑道は各地区の住宅と学校・商業施設などを結んでおり，徒歩圏内での生活を支えている。

1970年に中台地区と加良部地区で分譲が始まり，1972年から成田ニュータ

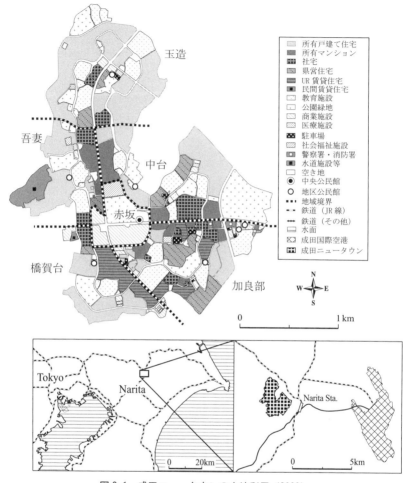

図 8-1　成田ニュータウンの土地利用（2009）
（Kubo *et al.*（2010）に筆者加筆）

ウンへの入居が始まった。開発は中台東部から時計回りに加良部，橋賀台，吾妻，玉造西部，玉造東部，中台西部という順に開発された。また，開発にあたり，ニュータウン敷地内には多くの古墳があったが，その多くは保存されており，現在でも小学校や近隣公園などで見ることができる。

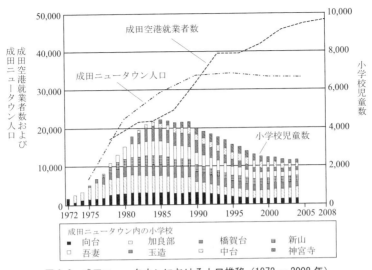

図8-2　成田ニュータウンにおける人口推移（1972～2008年）
（成田市統計資料（1972～2005年）および成田国際空港資料（2005・2008年）により作成）

　また，赤坂地区には中央公民館，さらに他地区でも公民館が設置され，住民によるコミュニティ活動の拠点としてサークル活動等に利用されている[5]。成田ニュータウン内には，多くの公園や遊び場が存在することから，晴天の昼間には家族連れや高齢者夫婦が散歩する姿がみられる。

　成田ニュータウンにおける人口の推移を示したのが図8-2である。ニュータウンにおける小学校児童数のピークは1985年であり，その後はゆるやかに減少している。一方で，ニュータウン人口の総数は1990年頃をピークに横這いで推移している。この背景には，成田国際空港での従業者数が継続的に増加していることが影響していると考えられる。ニュータウン内の空港関連業者の社宅や雇用促進住宅などに転入するものが一定数いるため，小学生児童数が減少しても人口が大きく減少に転じていないものと考えられる。

2）居住環境の維持管理体制

　成田国際空港が立地する成田市では，就業機会がもたらされたり，ニュータウン内に航空関連企業の社宅が建設されたり，人口が増加したりするなど，空

130　第2部　郊外住宅地の衰退と持続性

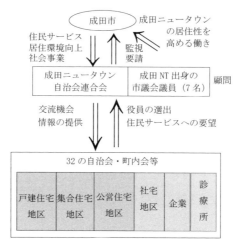

図8-3　成田ニュータウンにおける自治会組織等の模式図
（インタビュー調査により作成）

港の影響を大きく受けている。さらに，成田空港が立地することにより成田市の税収は周辺市町村と比較しても豊かであり，財政力指数は千葉県内では浦安市についで第2位の高さを誇る。こうした成田市の経済状況は，成田ニュータウンを含む市内の教育・文化・福祉施設の充実や交通網の維持管理の体制を決定付ける重要な要素となっている。

　次に，成田ニュータウンにおける居住環境の維持管理にかかわる社会組織とその関係をまとめた図8-3を検討する。成田ニュータウンには約50の自治会が存在しているが，そのうち32が成田ニュータウン自治会連合会に加盟している。加盟自治会には，所有住宅地区，賃貸街区，社宅地区など，多様な住宅地区における組織が含まれている。このほか，成田ニュータウン内の事業所や医療機関も自治会連合会に加盟している。成田ニュータウン自治会連合会のメンバーは，各自治会の代表から構成されており，各地区の住民からの要望を取りまとめ市に伝達する役割も有する。また，成田ニュータウン地区から選出された市議会議員（2008年時点で7名）が自治会連合会のオブザーバーを務め，住民の意見を市政に反映しやすい体制を整えている。住民，各自治会，成田ニュータウン自治会連合会，さらに地区選出の市議会議員がそれぞれの役割を

担い，成田ニュータウンの居住環境を維持管理する体制が作られている。

事例となる地区の特性は以下の通りである。玉造地区は1980年代に開発された戸建分譲住宅[6]による地区である。吾妻地区はエレベーターのない4階建ての分譲集合住宅の地区であり，1980年代に開発された。中台地区は戸建分譲住宅による地区であり，1980年代から2000年代までに約110戸が分譲された。最後に加良部地区は日本航空（JAL）の社宅跡地の再開発により，分譲集合住宅が供給された地区である。

8-2　成田ニュータウンにおける居住者の特性

（1）居住世帯の特性

表8-1は，世帯主の年齢を示したものである。30歳代以下の世帯主が11.4%，40歳代が16.7%，50歳代が20.8%，60歳代が31.3%，70歳代以上が17.7%となっている。具体的には，玉造地区では60歳代の世帯主が56.5%，吾妻地区では66.7%と高い割合を示した。これらの地区は成田ニュータウンの分譲初期から成立した地域であり，分譲初期に入居した世帯が居住し続けていることによると考えられる。中台地区は，多様な年齢構成がみられ，加良部地区では約90%が40歳代以下であった。

世帯構成をみると，回答世帯の約半数にあたる49世帯は就学児のいる家族世帯であり，次いで50歳代以上の夫婦のみ世帯が続く。50歳代以上の夫婦のみ世帯の多くは，子が離家した世帯である。また，その他の世帯構成には，就業中の子とその両親の世帯や，多世代同居の世帯などが含まれる。

表8-2は住宅購入時期と住宅の所有形態を示している。住宅購入時期は，それぞれの分譲時期と重なる傾向が強くみられ，新築の住宅を購入して居住している世帯が多いことが確認された。一方で，中古住宅を購入して居住している世帯が多いのは，分譲集合住宅や中台地区の戸建住宅であり，広大な敷地に豊富な室数をもつものが多いためであると考えられる。加良部地区では住宅購入世帯のすべてが新築の集合住宅を購入している。

表 8-1 成田ニュータウンにおけるアンケート回答世帯の世帯主の年齢（2009 年）

年齢	夫婦のみの世帯	夫婦と就学時の世帯	その他の世帯	合計（%）
30 歳代以下		10	1	11（11.4）
40 歳代		14	2	16（16.7）
50 歳代	6	13	1	20（20.8）
60 歳代	17	11	2	30（31.3）
70 歳代以上	13		4	17（17.7）
不明		1	1	2（2.1）
合計（%）	36	49	11	96（100.0）

（アンケート調査により作成）

表 8-2 成田ニュータウンにおけるアンケート回答世帯の現住所への入居時期と住宅の所有形態（2009 年）

入居年	新築住宅購入	中古住宅購入	不明	合計（%）
1970 年代	2			2（2.1）
1980 年代	35	2		37（38.5）
1990 年代	14	7		21（21.9）
2000 年代	23	9	1	33（34.3）
不明			3	3（3.1）
合計（%）	74	18	4	96（100.0）

（アンケート調査により作成）

(2) 就業特性

　表 8-3 は世帯主の職業と就業地を示している。18 人の世帯主が航空会社に就業し，6 人の世帯主が航空関連産業に従事しており，空港関連の就業に従事する世帯主が 25%を占める。成田空港勤務者は 18 人であるが，空港関連では羽田空港など東京通勤者もいる。また，既に退職している世帯主は 30 世帯で 31.3%を占める。

　成田空港や空港関連企業に勤務する以外の世帯は 39 世帯であるが，千葉県職員や郵便局員，一般企業などもみられた。配偶者に関しては，専業主婦が大半を占めており，会社員と専業主婦のファミリーが多いという郊外居住者の特性は成田ニュータウンにおいても確認された。

(3) 居住経歴

　表 8-4 は，アンケート回答世帯の前住地とその居住形態を示している。成田

8章 成田ニュータウンにおけるミックス・ディベロップメントの実態　133

表8-3　成田ニュータウンにおけるアンケート回答世帯の世帯主の職業および就業地（2009年）

就業地	航空会社	航空関連産業	その他就業	退職者無職	不明	合計
成田NT	12	4	2			18
成田市	1		5			6
千葉県		1	16			17
東京都	4	1	10			15
その他			5			5
不明	1		1	30	3	35
合計	18	6	39	30	3	96

注：NTはニュータウンを表す。成田市には成田ニュータウンを含まず，千葉県には成田市を含まない。
（アンケート調査により作成）

表8-4　成田ニュータウンにおけるアンケート回答地帯の前住地および前住居の居住形態（2009年）

| 居住地 | 借家 | | 社宅 | 持ち家 | | 不明 | 合計（%） |
	戸建住宅	アパート		戸建住宅	分譲マンション		
成田NT	(0)	12 (48.0)	9 (36.0)	3 (21.4)	9 (60.0)	(0)	33 (34.4)
成田市	3 (60.0)	4 (16.0)	6 (24.0)	1 (7.1)	3 (20.0)	(0)	17 (17.7)
千葉県	2 (40.0)	7 (28.0)	7 (28.0)	7 (50.0)	3 (20.0)	1 (8.3)	27 (28.1)
その他	(0)	2 (8.0)	3 (12.0)	3 (21.4)	(0)	5 (41.7)	13 (13.5)
不明	(0)	(0)	(0)	(0)	(0)	6 (50.0)	6 (6.3)
合計（%）	5 (100.0)	25 (100.0)	25 (100.0)	14 (100.0)	15 (100.0)	12 (100.0)	96 (100.0)

注：成田市に成田NTは含まず，千葉県に成田市は含まず，その他に千葉県は含まない。
（アンケート調査により作成）

ニュータウンからの転居が34.4%となっており，多くの世帯が成田ニュータウン内で移動している。特に，賃貸住宅や公営の雇用促進住宅，県営住宅などに結婚時に転入し，その後住宅購入をするものや，寮・社宅などから住宅購入するものが多く確認できた。

　現地でのインタビュー調査によると，地区内での移動の例としては，雇用促進住宅から所有戸建住宅や分譲マンションへの移動，所有戸建住宅から分譲マンションや集合住宅への移動などが確認され，前者は結婚や子の成長にともなうもの，後者は子育てを終えた夫婦世帯がより便利な環境を求めて移動するものである。他地域からの転入機会は，就業を契機にしたものや，成田ニュータ

134　第 2 部　郊外住宅地の衰退と持続性

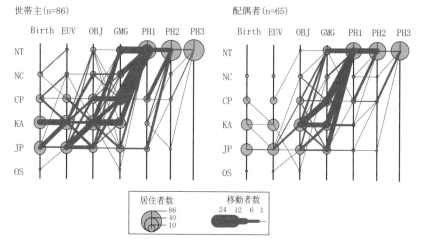

図 8-4　成田ニュータウンにおけるアンケート回答世帯の居住経歴（2009 年）
注：NT は成田ニュータウン　NC は成田市（成田ニュータウンを除く）　CP は千葉県（成田市を除く）　KA は関東（千葉県を除く）　JP は日本（関東を除く）　OS は海外、EUV は大学進学時　OBJ は就業時　GMG は結婚時　PH1 は 1 回目の住宅購入を表す。
世帯主または配偶者のいずれかだけが回答している場合があるため，世帯主と配偶者の総数は一致していない。
（アンケート調査により作成）

ウンの居住環境を評価して住宅を探索したなどがあった。成田ニュータウンは，成田空港の立地により市の財政が豊かであるため，文化・教育面や道路などの整備状況などが周辺市町村よりも優れていると評価している居住者が多い。住みやすい街ランキングで上位に選出されることも多く，居住環境が高く評価されている。また，高級住宅地区の室数の多い住宅は中古住宅としてのニーズも高く，二世帯での同居のために中古で購入して転入したという事例もあった。

次に，アンケート回答世帯のライフパスを図 8-4 に示した。左の世帯主を見ると，大学進学時から活発な移動傾向を示した。また，結婚時にも，様々な地域に移動がみられた。これらの移動傾向は，空港関連企業に従事する世帯主の場合，国内の空港への転勤による転居が多いことが影響していると考えられる。成田ニュータウンへの移動は，最初の住宅購入時が最も多いが，結婚時に成田ニュータウンへ移動している人も少なくない。また，成田ニュータウン内で住

宅購入を繰り返す人が多い事が分かる。一方，配偶者は結婚時まで移動回数は少なく，家族への随伴移動が主であると考えられる。

8-3　成田ニュータウンにおけるソシアル・ミックスと高齢化

（1）住宅形態

　ニュータウンの住宅土地利用を示した図8-1をみると，赤坂地区はニュータウン全体の中心地区であり，商業・業務機能が集積し，住宅の分布はみられない。一方，周辺地区は住宅系土地利用が卓越している。成田ニュータウンの町丁において，全住宅に占める戸建住宅の割合を示したのが図8-5である。赤坂

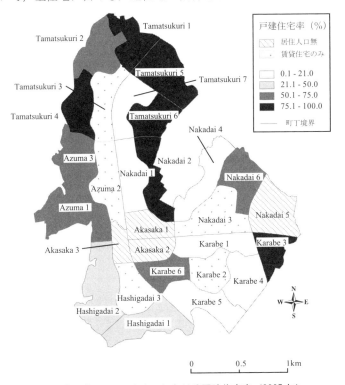

図8-5　成田ニュータウンにおける戸建住宅率（2005年）
（国勢調査により作成）

地区など業務中心で住宅がない地区を除くと，ニュータウンの周辺部ほど戸建住宅の割合が高い。各地区の住宅形態の特性を示す。

1）中台地区

最初に供給が行われた中台地区では分譲戸建住宅・旧住宅公団（現 UR，以下では UR と略す）による賃貸住宅などがあり，大通りに面した地区は寮・社宅や分譲集合住宅が立地している。中台地区東部は 1970 年代に開発され底での住宅地開発は短期間に終了した。1980 年代から 2000 年代にわたって長期的に開発された西部には高級な戸建住宅地区が存在する（写真 8-1）。中台地区においては，中台小学校が 1972 年に，中台中学校が 1973 年に開校した。

写真 8-1　成田ニュータウンにおける高級住宅地区の景観
（2009 年久保撮影）

写真 8-2　成田ニュータウンにおける再開発地区の景観
（2009 年久保撮影）

2）加良部地区

次に開発された加良部地区では，分譲戸建住宅・賃貸集合住宅・寮・社宅・商業施設など様々な施設が混在している。加良部地区は開発当初より UR による賃貸住宅や航空会社の社宅が集積していた地区である。近年では，社宅跡地の再開発によって，若年世帯向けの分譲住宅の供給が盛んな地域である（写真8-2 左）。この地区にある西中学校は 1964 年に，加良部小学校は 1973 年に，新山小学校は 1977 年に開校した。

3）橋賀台地区

橋賀台地区は分譲戸建住宅と賃貸集合住宅がほとんど占めており，1970 年代に開発された地区が多い。橋賀台 3 丁目は UR による賃貸住宅および公営住宅，社宅が集積する地域であり，戸建分譲住宅のみの 1・2 丁目とは対照的である。橋賀台小学校は 1975 年に開校した。

4）吾妻地区

吾妻地区は戸建分譲住宅と UR による分譲集合住宅が大半を占めているが，県営住宅もみられる。この地区にある吾妻小学校と吾妻中学校は 1978 年に開校した。

5）玉造地区

玉造地区の大半は戸建分譲住宅が占めているが，寮・社宅や UR による集合住宅も少なからずある（写真 8-3）。この地区では 1981 年に玉造小学校が，

写真 8-3　成田ニュータウンの玉造地区の景観
（2009 年久保撮影）

1984年に神宮寺小学校と玉造中学校が開校した。また，玉造地区はJR線および京成線の成田駅から最も離れており，公共交通の利便性が他地区に比べ劣っていた。しかし，成田スカイアクセス（京成成田空港線）の成田湯川駅が2010年に玉造地区の北端に開設されたため，それ以前から利便性の向上を見越した新規の分譲戸建住宅の開発が行われた（写真8-2右）。

(2) 住民の社会経済属性

次に，ブルーカラー職に従事する人口の割合を町丁別に示した図8-6を検討する。成田ニュータウン全体では，平均割合は27.7%である（2005年）が，吾妻2丁目，橋賀台3丁目，加良部5丁目は平均よりも高い割合となっている。

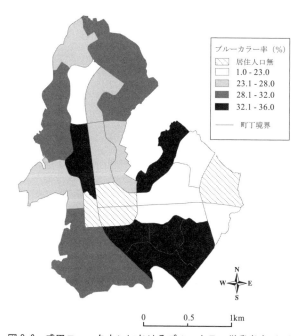

図8-6　成田ニュータウンにおけるブルーカラー従業者率（%）
注：ブルーカラー従業者には，運輸・通信，製造業に従事するものを含む。
　　各町丁の名称は図8-5と同様である。
（国勢調査により作成）

これらの地区は，賃貸住宅，公営住宅，社宅が卓越する。吾妻2丁目に関しては，1980年代に供給された分譲集合住宅も存在する。

一方，所有戸建住宅が卓越する町丁では，ブルーカラー職の従事者割合は低い。2000年代以降に開発された分譲マンションの多い町丁（加良部1丁目，中台3丁目）や，所有戸建住宅が卓越する町丁（玉造2丁目，中台2丁目）も低い。1970年代に供給された町丁の中では，橋賀台2丁目の住宅価格は周辺よりも高かったため，居住者の社会的地位も高い傾向がある。

(3) 高齢人口の分布

高齢化の進展具合は，住宅が供給された時期との関係も深いとの指摘があるが（由井1984），成田ニュータウンにおいてもその傾向は顕著である。町丁別に高齢者の占める割合を示した図8-7を検討する。成田ニュータウン全体の高齢者の割合は9.2%（2005年）と成田市の平均（14.1%）よりも低い。しかし，平均割合を上回る地区も多く，高齢者の割合が高い順に並べると吾妻3丁目，橋賀台1丁目，吾妻1丁目，橋賀台2丁目，加良部4丁目となる。これらの地区は，1970〜1980年代に開発された所有戸建住宅を主とする地区である。これらに続く高い割合となった中台2丁目は，1980年代に開発された分譲集合住宅と1990〜2000年代に供給された所有戸建住宅が混在する地区である。これらをまとめると，所有戸建住宅が卓越する地区は，他の住宅形態が卓越する地区よりも高齢化が進みやすい。公営住宅が卓越する加良部5丁目や玉造3丁目，中台4丁目などでは，若年の核家族世帯やひとり親世帯が多いことから高齢化していない。都心部の公営住宅と比べて，郊外の公営住宅では収入の上昇によって転出する可能性の高い若年の核家族世帯などが多いために，都心部のものと比べて高齢化が進みにくい傾向があるとされている（由井1993, 1996）。

(4) ミックス・ディベロップメントと高齢化

最後に，町丁別の住宅形態（戸建住宅率），住民の社会経済状況（ブルーカラー率）と高齢化の進展具合（高齢者の割合）との関係性（図8-8）を検討す

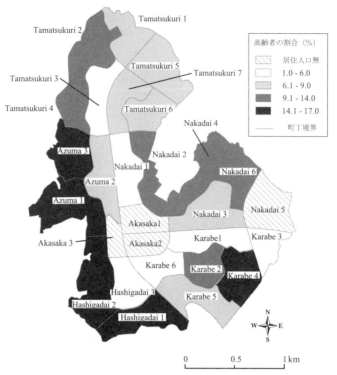

図 8-7　成田ニュータウンにおける高齢者の割合（%）
（国勢調査により作成）

る。ホワイトカラーと戸建住宅の割合がともに高い地区ほど高齢化が著しく，ブルーカラーが多かったり戸建住宅割合の低かったりする地区では高齢化がほぼみられない。戸建住宅が卓越する地区であっても，新規の住宅開発があった地区では若い年代の転入があったために高齢化が進んでいない。所有戸建住宅は，居住者の定住が基本となるため居住継続により数十年後には居住者の加齢によって高齢化することは避けられない。そのため，一斉分譲を避けたり，住宅形態や所有形態を多様にしたりする工夫が必要である。

　成田ニュータウンにおいては，多様な住宅形態，所有形態，供給時期が混在するミックス・ディベロップメントが（意図せずに）実現したため，これらの

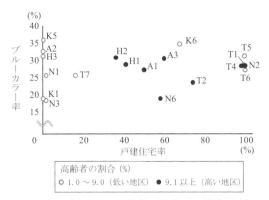

図 8-8 成田ニュータウン内の地区における住宅形態,住民の就業,高齢人口の割合（2005年）
注：A は吾妻，K は加良部，H は橋賀台，T は玉造，N は中台の地区名を表す。
（国勢調査により作成）

特性を反映して高齢化の進展具合も町丁により多様であった．個別の町丁や住宅地区では高齢化が進行することは避けにくいものの，ニュータウン全体が高齢化しないように工夫することで，持続的に望ましい居住環境や地域社会を維持できる可能性が高まると考えられる．

8-4 成田ニュータウンにおけるソシアル・ミックスと住宅地の持続性

以下では，住民による居住継続の意思や子世代の居住動向などを検討し，持続的に良好な居住環境を維持するために求められることを考察する．

（1）居住者の永住意識

図 8-9 は，居住者の現住地への永住意識を地区別に示したものである．中台地区と玉造地区では居住者の永住意識が高く，約 60%が転居意思なし（永住希望）と回答している．先述の通り，中台地区では高級住宅地を含むこともあり，現住居の購入以前にも住宅を購入している世帯も多い．つまり，賃貸住宅や社宅からマンションなどの小規模な持家を経て，十分な広さと時にはステイタスを有する所有戸建住宅に至るような，いわゆる「住宅すごろく」の上がり

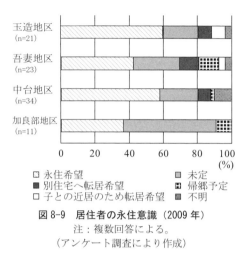

図 8-9 居住者の永住意識（2009年）
注：複数回答による。
（アンケート調査により作成）

に到達した世帯であると考えられる。玉造地区も所有戸建住宅を主とする地区であるため，中台地区と同様の傾向となった。

　吾妻地区，玉造地区，中台地区では，永住希望者が多数ではあるものの，将来的な転居予定として別住宅へ転居を希望しているものや出身地へ帰郷のために転居可能性があるとしたもの，子との同居や近居のために転居の可能性があるとしたものがいた。特に，玉造地区では子との同居や近居のために転居を希望するものが10%近くいた。

　加良部地区では航空会社の社宅跡地にできたマンションの居住者が多く，入居してからの年数が少ないため将来の転居意向については未定とするものが多くなった。

(2) 子世代の居住地

　表8-5は，居住者の成人した子の居住地を複数回答で問うたものである。加良部地区は成人した子をもつ世帯が少ないためここでは省いた。全地区で同居しているという回答が20～30%となった。吾妻地区と中台地区では同居ではないもの成田ニュータウン内で近居している子がいる世帯が15～20%を占めており，第二世代の地元居住の傾向がみられる。吾妻地区でニュータウン内に

表 8-5 子世代の居住地 (2009 年)

居住地	玉造地区	吾妻地区	中台地区
親と同居	8 (23.5)	12 (32.4)	13 (28.3)
成田 NT 内	0 (0.0)	8 (21.6)	7 (15.2)
千葉県内	5 (14.7)	9 (24.3)	8 (17.4)
その他	21 (61.8)	8 (21.6)	18 (39.1)
計 (%)	34 (100.0)	37 (100.0)	46 (100.0)

注:成田 NT は成田ニュータウンを表し,同居を除く。千葉県内は成田 NT を,その他は千葉県内を除く。
(アンケート調査により作成)

近居しているとした回答の大半は,親と同地区内に近居している。居住者へのインタビューでは,親世代が子との近居のために転居する例も複数あるという。これは,子世代にとっては子育てのサポートを得るため,親世代にとってはいざというときに子が近くにいれば加齢に伴うケアが必要になったときに安心できるためである。

一方で玉造地区では,同居している場合を除くと,千葉県外に居住している子が60％を超えている。大半は東京都を中心とする東京大都市圏内に居住しているという回答であった。中台地区では,日本国外に居住する成人子も複数いた。

(3) 成田ニュータウンの持続性

以下では,成田ニュータウンの居住環境を持続的に維持するための方策を探るため,ミックス・ディベロップメントと持続性の関係に着目した仮説を検証したい。

1) ミックス・ディベロップメントを行うと,開発時期が分散するために継続的に新住民の転入があるだけでなく,多様な形態や価格の住宅が地区内にあることによって新住民,既存住民の両方が地区内でライフステージに合わせた住み替えを行いやすい状況をつくる。

住宅形態の多様性をもたせることによって,居住者の就業形態や就業地,年齢やライフステージ,ライフスタイルの面でも多様な世帯が同一地区内に居住

していることとなる。これは，地区内のコミュニティ活動などの社会的側面の持続性にも有効である（この点については，次章で再度検討する）。

2）住み替える世帯が多くなれば，地区内の中古住宅の選択肢が増加し，新築，中古，賃貸など所有形態の面でも選択肢が豊富となり，それがさらに住み替えしやすい状況を生み出す。ライフステージの変化により住宅ニーズが変化した際（特に子が離家したあとなど）に，新築の住宅を購入するか，賃貸住宅に転居して家賃を払い続けるかしか選択肢がない場合には，経済的に余裕がなければ転居を断念することになりがちである。しかし，新築よりも価格が安価で物質的な状態も良好な中古住宅が選択肢に加わることで，潜在的な住宅ニーズを掘り起こしやすくなる。

また，中古住宅市場が活況であれば現住居を売却したり賃貸にしたりする見通しも立ちやすい。分譲マンションや分譲賃貸住宅が多い地区では，価格が抑えられるため親・子世代のどちらかが近居してくる事例が多数確認された。今後は，郊外住宅地での親子世代の近居ニーズが高まっていくと考えられるため（香川 2011；久保 2010），マンションなどの集合住宅をきっかけとして中古住宅市場を活性化することで近居のための移動を支援することが重要となっていくだろう。

3）地区内の住み替えが可能になると，ニュータウン全体の急激な高齢化は避けやすくなり，住宅地や地域コミュニティの持続性が高まると考えられる。分譲から数十年経過した所有戸建住宅の地区では高齢者の割合が高くなるなど，高齢化は住宅形態と密接に関係しているため，住宅の形態，所有形態，供給時期を多様にするミックス・ディベロップメントを採用すれば，居住者の年齢や就業先，ライフステージを多様にすることが可能である。

海外では，社会階層を多様にすることがソシアル・ミックスである。しかし，人種の多様性が少なく社会階層が不明瞭な日本においては，年齢，ライフステージ，世帯構成，就業状況（職住近接かベッドタウンか／事務的職種かブルーカラー的職種かなど）や収入の面で多様な世帯の居住を可能にすることがより現実に即したソシアル・ミックスの形であると考える。日本版のソシアル・ミックスを実現し持続的に住宅地区の居住環境を維持するためには，ミックス・ディ

ベロップメントを採用することが重要である。

8-5　本章のまとめ

　本章では，ミックス・ディベロップメントがなされた成田ニュータウンを事例として，持続的に住宅地の居住環境を維持するための仕組みを探った。ミックス・ディベロップメントを採用することの有効性について最後にまとめる。

　第一に，住宅供給の期間を長期化させることで，居住者の年齢を多様にすることが可能であり，それが地区全体の高齢化を緩やかにするために重要な役割をもっている。住宅購入後に移動率が急激に低下する日本の住宅市場の特性を踏まえれば，所有住宅を供給する際には一斉分譲を避け，供給時期を長期化させることが重要である。これによって，供給から数十年後，居住者の加齢と子世代の離家によって高齢者に特化した地区に変化する現象を将来的に避けることが可能になるだろう。

　第二に，地区内で供給される住宅形態と所有形態を多様にすることによって，居住者の社会経済状況や年齢が多様になり，地区内に多様な住宅ニーズが生まれる。たとえば，マンションなどの集合住宅は，いわゆる「住宅すごろく」の中では，いずれ通過する居住形態であると認識されてきた。しかし，分譲集合住宅は，ライフステージの変化に伴う転居や，親子近居のための転居の際に，最適な選択肢になりうるのである。

　第三に，第二の指摘と関連するが，雇用促進住宅や社宅などの賃貸住宅の居住者は，将来的には住宅を所有したいという希望をもっていることも多い。就業上の都合などでたまたま成田ニュータウンに居住することになった賃貸住宅居住者に良好な居住環境が評価されれば，所有住宅の選択地として成田ニュータウンの物件を選択するようになることは想像に難くない。事実，このような理由から成田ニュータウンに定住した若年世帯は多い。また，中古／新築，集合住宅／タウンハウス／戸建住宅と多様な所有住宅の選択肢があることが彼らの成田ニュータウンへの定住を支える重要な要素となっていた。

　第四に，ミックス・ディベロップメントによって，住宅と居住者の特性に多

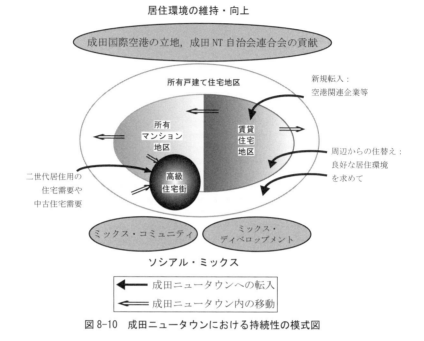

図 8-10　成田ニュータウンにおける持続性の模式図

様性が生まれた成田ニュータウンでは，地区内の住み替えが自然に行われていた。これが，良好な居住環境を持続的に維持するために重要な働きをしているのである。

　成田ニュータウンの持続性について模式的に表したのが図 8-10 である。まず，居住者に評価される良好な居住環境を維持するためには，成田市の豊かな財政，国際空港を核とした航空関連産業や観光業などの豊富な就業先が重要な役割を果たしている。豊かな財政は成田ニュータウンの物質的な環境（道路や街路の整備など）を良好に維持することを可能にする。また，空港関連産業の従事者は，新住民の継続的な転入を引き起こしている。成田ニュータウン内の社宅や賃貸住宅には継続的に新住民が転入しており，その一部は住宅を購入するなどして定住している。

　次に，ミックス・ディベロップメントによって，ニュータウン内の住宅選択

肢が豊富であることが需要である。これは，居住者のソシアル・ミックスを可能にし，居住環境の社会的側面，つまり地域社会の持続性を高める働きをしている。さらに多様な住宅の選択肢とソシアル・ミックスの結果生まれた多様な住宅ニーズが共存する成田ニュータウンでは，地区内での住み替えが自然に起こっていた。

　以上をまとめると，成田ニュータウンの居住環境は，成田国際空港や成田市によって物質的側面が守られており，良好なソシアル・ミックスによって地域社会に多様性が生まれ地域コミュニティがうまく機能しているために社会的側面が守られていると考えられる。住宅地の居住環境を持続的に維持管理するためには，物質的側面と社会的側面がともに良好に機能しなければならない。本章では，主にミックス・ディベロップメントの有効性と住宅地の持続性の関係性について議論した。次章では，多様性を有する成田ニュータウンにおいて，地域コミュニティがもつ役割について検討する。

9章 成田ニュータウンにおける地域社会の特性と住宅地の持続性

9-1 本章の研究課題

(1) 本章の課題

　郊外住宅地のもつ地域的特性に関して，欧米においては，ジェンダー化という視点から研究蓄積がなされている。Watson (1980) は，英国の研究において，伝統的な核家族に当てはまらない世帯は住宅政策や住宅供給から疎外されていることを示した。住宅供給の中で維持されてきた家族の概念が，家庭内における女性の役割を限定し，家父長制的な関係性から女性が従属的な地位に置かれているとしている。また，Rose (1980) は，郊外においては，男性による生産的労働（住宅地外）と女性による再生産労働（住宅地内）という性別役割分業が前提とされ，郊外における住宅の所有と女性の家庭内の役割との間には，イデオロギー的に近い関係が見られるとしている。また，影山 (2004) は，日本の住宅がジェンダー化された空間であるとし，日本の住宅制度が家父長的役割によって維持されてきたことを示している。

　このような性別役割分業は，コミュニティの維持管理という側面においても確認されている。郊外住宅団地においては，女性居住者がコミュニティの中心を担うとされ（一番ヶ瀬 2003），就業時には，地域との接点をもたなかった男性居住者は，定年退職を機に，女性居住者の助けを得て地域活動へと参加するようになるという（木村 2006）。しかしながら，自立型の郊外住宅地において，これらの特性が当てはまるかは疑問である。戸建住宅地区に比較的均質的な居住者が居住するベッドタウン型の郊外住宅地とは異なり，自立型の郊外住宅地においては多様な住宅が供給され，居住者の属性も多様である。また，就業地が住宅地内もしくは，住宅地周辺にある男性居住者は，ベッドタウン型のコミュ

ニティと比較すると就業中から地域で過ごす時間が長い可能性が高いためである。

東京都心部から60km圏にある郊外住宅地は，東京通勤圏としては不利な立地にあることなどから，職住近接を目的に作られたものがみられる。成田ニュータウンや筑波研究学園都市がこれにあたり，成田空港や大学等の研究機関という就業地を住宅地の近隣に抱え，職住近接による自立的な郊外住宅地である。これらの自立型の郊外住宅地において，いかにコミュニティが形成され，維持されているのかを明らかにすることは，既存研究に新たな知見をもたらすとともに，郊外の多様性を示すことにも貢献すると考える。本章は，自立的な郊外住宅団地を代表する成田ニュータウンにおいて，コミュニティ活動の特性を明らかにすることを目的とする。

(2) 本章の研究方法

コミュニティとは，都市社会学において多くの議論がなされてきた概念である。コミュニティは，居住地区などの境界によって区分されるもの，居住者によって形成される社会システム，地域的な繋がりに関係なく人間同士の繋がりや親近感によるもの，イデオロギーとしての役割，そしてサンフランシスコにおけるゲイ・カルチャーに代表されるブント的なコミュニティが存在するとされている（Bell and Newby 1976；Schmalenbach 1977；Hetherington 1990；Savage and Warde 1993）。本研究で扱うコミュニティとは，居住地区の境界によって定義される地域内の多様な活動，つまり自治会活動や管理組合などのように資産の管理という側面を持つ活動や，居住者間の心理的紐帯等に重きを置いた文化活動などが，地域内で形成している社会システムを表す。友人関係やサークル活動に関しては，居住地区の枠を超えて居住者が繋がりを形成しているものも含んでおり，成田ニュータウンという地域的境界を越えて存在するものもある。しかし，これらの活動は，多様な活動が重層的かつ有機的に関わりあう成田ニュータウン内の社会システムの中に組み込まれているものであるため，本章の対象として取り入れる。

具体的な調査では，まず，成田ニュータウンにおける地域行事に関する議事

録などの資料を分析し，次に成田ニュータウン自治会連合会役員および成田ニュータウン自治会連合会に加盟する自治会や町内会の役員に対するインタビュー調査を実施した。さらに，居住者へのインタビューおよびアンケート調査を実施した。尚，アンケート調査は第8章と共通のものである。

本章の構成は以下の通りである。まず，インタビューおよびアンケート調査によって得られたデータを基に，居住者のコミュニティ活動への参加状況を示す。次に，成田ニュータウンにおける住民参加型の地域行事である「成田ふるさと祭り」への住民参加を事例として，成田ニュータウンにおけるコミュニティ活動の特性を明らかにする。

9-2 成田ニュータウンにおけるコミュニティ活動の特性

本章では，成田ニュータウンにおけるコミュニティ活動について，その種類別に居住者の参加頻度や活動内容を明らかにする。本章における分析では，世帯主および配偶者のそれぞれから得られた回答を合算して分析する。また，回答数が設問によって異なるため，各設問に得られた回答を分析する。

(1) コミュニティ活動の概観

成田ニュータウンにおけるコミュニティ活動には大きく分けて2つの種類がある。第一は，自治会や町内会など，地区内の住民が主体となって，地区内の生活利便性の向上などを行政と連携して行うものである。活動の範囲や構成員は同じ地区内に居住しており，地縁によってまとまった活動である。第二は，成田ニュータウン内の施設を利用して活動する趣味の活動やサークル等であり，必ずしも同じ地区内に居住するものが集まるわけではない。ここでは前者をコミュニティ活動，後者をサークル活動と区別して扱う。

コミュニティ活動の主体となっているのは，成田ニュータウン内の各地区の住民からなる自治会および町内会であり，自治会・町内会はそれぞれ自主防災組織，婦人会，老人クラブ（豊令会）等の活動も展開している。これらの自治会・町内会の多くは，成田ニュータウン自治会連合会に加盟しており，自治会

連合会を通じて成田ニュータウン居住者の要望を行政に伝え，また行政からの情報やサービスが提供される。この自治会連合会を主軸に，地域環境整備事業，地域環境美化運動（街角クリーン作戦），成田ニュータウン防犯パトロール隊，青少年健全育成協議会，成田市敬老会等の活動が行われている。

サークル活動は，活動範囲がコミュニティ活動と重複する部分も存在するが，地区単位を超えたより広範囲の住民同士をつなぐ役割を持っている。また，「成田ふるさと祭り」や「公民館祭り」といった成田ニュータウンにおいて開催される各種イベントは，成田ニュータウン自治会連合会および成田ニュータウン内のサークルが主体となって行われるものが多い。そのため，これら二つのコミュニティ活動は，成田ニュータウン居住者が地域に参加する際の重要な機会となると考えられる。

(2) コミュニティ活動への参加
1) コミュニティ活動

表9-1は，居住者のコミュニティ活動への参加経験を示すものである。自治会・町内会主催の活動と自治会連合会主催の活動に分類した。各地区における自治会・町内会の参加率および役員参加率はいずれも非常に高い。玉造（以下，A）・吾妻（以下，B）・中台（以下，C）地区の参加率は回答者の85％以上であるのに対し，加良部（以下，D）地区は58.3％とやや低い。これは，D地区への入居が開始したのが2005年であるため，コミュニティがまだ成熟していないことを示している。D地区においては，マンション管理組合に加えて，自治会が組織されているため，同時期に分譲された周辺の集合住宅と比較すると，自治会・町内会への参加率は高いものと考えられる。

次に，各自治会の自主防災組織，成田ニュータウン自治会連合会主催の地域環境美化運動，成田ニュータウン防犯パトロール隊，地域環境整備事業等の活動参加経験を示す。各自治会の自主防災組織への参加割合は，1970〜80年代に入居を開始した戸建住宅地区であるA地区は21.9％，1980年代から近年まで分譲された戸建住宅地区であるC地区は10.4％を示した。また，1980年代に分譲された集合住宅地区であるB地区は45.7％，2005年に分譲された集合

表9-1 成田ニュータウンにおけるアンケート回答者のコミュニティ活動への参加経験(2009年)

コミュニティ活動	玉造(A)地区 (n=32)		吾妻(B)地区 (n=35)		中台(C)地区 (n=67)		加良部(D)地区 (n=12)	
	参加	役員	参加	役員	参加	役員	参加	役員
自治会主催								
自治会・町内会	31	25	30	24	60	53	7	7
自主防災組織	7	3	16	11	7	2	4	1
婦人会	2		2	1	2	2	1	1
老人クラブ			4	3	6	5		
自治会連合会主催								
自治会連合会	4	4	4	2	5	2		
地域環境美化運動	25	14	17	4	53	28	5	1
成田NT防犯パトロール隊	14	11	11	4	21	12	1	1
地域環境整備事業	2		2	1	5	1		
青少年健全育成協議会	3	1	1	1	3	3	1	
成田市敬老会	1		3		4	1		
成田ふるさと祭り	28	18	28	13	52	27	8	1

注:複数回答による。各地区における総回答者数(n)は、アンケートの本設問に回答した世帯主および配偶者の数を表す。「参加」は、単に参加したことがあるものを、「役員」は役員として参加したことがあるものを表す。
(アンケート調査により作成)

住宅地区であるD地区は33.3％を示した。集合住宅地区の方が、戸建住宅の地区よりも高い値を示し、防犯意識が高いことがわかった。

一方で、地域環境美化運動への参加率は、A地区(78.1％)およびC地区(79.1％)の戸建住宅地区で高い値を示したのに対し、B地区(48.6％)およびD地区(41.7％)の集合住宅地区では、低い値となった。分譲の集合住宅の場合は資産価値の維持に影響する部分が住棟の外観や共用部分および各住戸が中心となるのに対し、戸建住宅地区では、各住宅だけではなく、庭や街区全体の特性が影響するため、このような差異が生まれたと考えられる。

A・B地区では、成田ニュータウン防犯パトロール隊への参加率が高く、居住期間が長い居住者の多い地区ほど、成田ニュータウン全体で行われる活動へ参加する割合が高いことが分かる。しかし、入居から間もないD地区では、各自治会を単位とした活動への参加割合は高いものの、自治会連合会主催の活

動や成田ニュータウン全体で組織される活動への参加は進んでいない。居住期間が長くなるほど，自治会単位の活動に加えて自治会連合会などが主催する活動にも参加する傾向が確認された。また，これは自治会の婦人会，自治会の老人クラブ，連合会主催の青少年健全育成協議会，成田市敬老会への参加頻度に対しても共通である。自治会連合会主催の成田ふるさと祭りへの参加率は，自治会・町内会への参加率とやや同数で，全地区ともに参加率が高い。

2）サークル活動

次に表9-2は，アンケート回答者のサークル活動の内容（a），参加頻度（b），開始時期（c），活動場所（d），開始理由（e）を表している。活動内容は，体操や野球，テニス，バレーボール等のスポーツ・レクリエーションが最多であり，次に手芸，室内遊戯，楽器演奏，料理クラブ等の趣味活動であった。またここでいう一般教養とは勉強会，英会話，ペン習字等である。参加頻度は，A・C地区において月4回以上が50％以上を占め，頻繁にサークル活動を行っている。また，総じてコミュニティ活動よりも頻繁にサークル活動が行われている。コミュニティ活動と同様に，A・B地区では，居住期間の長い世帯も多く居住していることから，地区内の活動が契機となってサークル活動を開始するものが多い。

C地区では，分譲期間が長く居住者の年齢構成が幅広いことに加え，サークル活動の拠点となる中央公民館や社会福祉館などの施設に近接していることから，各施設で開催されている活動情報を得やすく，活動自体への興味から参加する例がみられた。C地区に居住する元航空会社に勤務し現在は退職した男性の事例を示す。彼は，航空会社に勤務していた時代の友人との交流が多いものの，日常的な活動として中央公民館において囲碁サークルに所属し，週に3回以上囲碁をしていた。

また，居住期間が短く，就労期の家族世帯の多いD地区においては，成田ニュータウンの既存のサークルに参加することだけではなく，自身がサークルを主催し，活動の拠点として成田ニュータウンの施設を利用する例がみられた。D地区に居住する航空会社勤務の会社員の男性は，沖縄音楽を行うサークルを主催しており，成田ニュータウンの中央公民館のほか佐倉市など周辺市町村に

表9-2 成田ニュータウンにおけるアンケート回答者のサークル活動への参加状況(2009年)

a. 活動内容	A地区	B地区	C地区	D地区
スポーツ・レクリエーション	9	4	6	2
趣味	4	4	3	1
一般教養			5	
ボランティア活動		1	2	
不明	1		1	
合計	14	9	17	3

b. 参加頻度	A地区	B地区	C地区	D地区
月1回以下	3	1	1	1
月2・3回	4	5	6	1
月4回以上	7	3	10	1
合計	14	9	17	3

c. 開始時期	A地区	B地区	C地区	D地区
1980年代	5	1	1	
1990年代	2	3	4	1
2000年以降	6	4	12	2
不明	1	1		
合計	14	9	17	3

d. 活動場所	A地区(n=14)	B地区(n=9)	C地区(n=17)	D地区(n=3)
町内の公民館	2	2	3	1
成田NT内の公民館	5	3	9	1
成田NT内の他の施設	6	3	5	
その他・不明	1	4	4	2
合計	14	12	21	4

e. 開始理由	A地区(n=14)	B地区(n=9)	C地区(n=17)	D地区(n=3)
活動に興味があった	8	6	14	3
活動場所が家に近い	6	2	6	2
友人を作るため	2	2	3	
知人・友人の勧め	3	3	1	1
家族の勧め	1			
その他・不明	2	1	2	1
合計	22	14	26	7

注：各地区における総回答者数(n)は，アンケートの本設問に回答した世帯主および配偶者の数を表す。「d. 活動場所」および「e. 開始理由」は，複数回答による。
(アンケート調査により作成)

おいても活動を行っていた。沖縄音楽のサークルは，成田ニュータウン居住者だけではなく，インターネットなどで情報を得た会員が千葉県内や東京都内からも集まり活動していた。

　活動開始時期に関しては，2000年以降と答えた住民が最も多い。A・B地区での2000年以降と回答した割合は約40％であるのに対し，C・D地区では約70％であった。1980年代と答えた住民はA地区が最も多かった。A地区居住者へのインタビューでは，子育て期に子を中心とした野球チームを作成し，子が成人した後にも子や親が交流のために活動を継続している例があった。このように子育て期に当たる1980年代に開始した活動が居住者の成長に合わせて形を変え，サークル活動として残ったものがある。

　活動場所に関しては，成田ニュータウン内で行われる活動が多い。特に，町内の公民館よりも成田ニュータウン内の他の公民館や施設を利用すると回答した人が多いことから，地区の単位を超えた成田ニュータウン内の人々の交流が盛んであることが確認できた。また「その他」という回答には隣の市や千葉県外にまで活動範囲が及ぶ人が少数含まれていたが，彼らは主にC・D地区の住民であり，成田ニュータウンに転居する以前に開始した活動を継続しているものと考えられる。最後にサークル活動の開始理由であるが，「活動に興味があった」が最も多い回答となっている。「活動場所が家に近い」という理由も重要な一要因になっているが，上述のように必ずしも活動場所が町内にあるとは限らないためか，活動への興味ほど回答数は多くない。次に多かった理由として「友人を作るため」が挙げられ，A・B・C地区の居住者に多くみられた。「知人・友人の勧め」，「家族の勧め」といった理由がこれに続く。

（3）居住者の友人関係

　アンケート調査に回答したA地区居住者の平均の友人数は13.3人，B地区は16.1人，C地区は15.6人，そしてD地区は17.9人であった。これらの友人の居住地（表9-3）は，同じ町内に居住するものが多く，A地区では友人の47.3％が，B地区では42.2％と高い比率であった。一方で，C地区（友人の32.9％）およびD地区（同じく13.9％）では，A・B地区よりも低い値であった。

表 9-3 成田ニュータウンにおけるアンケート回答者の友人の居住地 (2009 年)

各地区の居住者の友人の居住地	A地区(n=28)(%)	B地区(n=31)(%)	C地区(n=62)(%)	D地区(n=15)(%)
町内	47.3	42.2	32.9	13.9
町外で成田 NT 内	34.7	38.9	34.3	34.7
その他	18.0	18.9	32.8	51.4
合計 (%)	100.0	100.0	100.0	100.0

注：各地区における総回答者数（n）は，アンケートの本設問に回答した世帯主および配偶者の数を表す。数値は，回答者の全友人数に占める割合を表す。
（アンケート調査により作成）

しかし，町外で成田ニュータウン内に居住する友人の割合は，A・C・D 地区ともにほぼ並列であった。これは，各地区ともに成田空港やその関連企業に従事する世帯が多いことから，成田ニュータウン内において，地縁による人間関係と職縁による人間関係が一致する割合が高いためであると考えられる。

友人と知り合ったきっかけを示した表 9-4 によると，現住居への居住期間が長い居住者の友人関係は，同じ町内におけるコミュニティ活動や，ニュータウン内のサークル活動をきっかけとして地縁が形成されていくことと強い関係がみられる。A 地区に居住し，郵便局を定年退職した男性は，地区内の自治会活動などを通じて友人となった居住者と頻繁に麻雀をしたり，ゴルフ旅行に出かけたりしている。この他，スポーツを行うサークル活動もこれらと同じ友人を中心に結成しており，地区内の自治会活動によって地区内の友人関係が拡大していった。

B 地区においては，管理組合の役員を経験した居住者が「吾楽会」という会を結成している。「吾楽会」のメンバーはほぼ男性であり，現在は定年退職をしているものが多いが，親睦会を頻繁に開催するほか，「成田ふるさと祭り」への出店などの活動を通して，メンバー自身の生きがいと地域への貢献を果たしている。結成当初は，管理組合の役員経験者として，管理組合の新役員の相談役にあたることが目的であった。また，空港関連企業に就業する居住者は，勤務体系によって帰宅時間が不規則で，居住者同士が顔を合わせる機会が少なくなってしまうこともあり，親睦を深めるためにも大きな役割を果たしている。「吾楽会」に参加することで，居住者同士につながりが生まれていた。

表9-4 成田ニュータウンにおけるアンケート回答者の友人と知り合ったきっかけ（2009年）

a. A地区（回答者 n=28, 友人総数 372 人）

友人数（人）	1-5 (n=9)	6-10 (n=10)	11-20 (n=5)	21-30 (n=2)	31-40 (n=1)	41-50 (n=1)
コミュニティ活動による	17	30	10	30	40	20
サークル活動による	1	13	41	23		10
子供関係による	3	16	33	12		
職業・仕事による	11	5	15	25		6
学生時代の友人	5	17		10		2
その他	1	30				8
友人総数	38	93	95	60	40	46

b. B地区（回答者 n=32, 友人総数 509 人）

友人数（人）	1-5 (n=14)	6-10 (n=9)	11-20 (n=4)	21-30 (n=1)	31-40 (n=2)	41-50 (n=2)
コミュニティ活動による	15	10	16	30	20	
サークル活動による	12	15	11		40	30
子供関係による	19	13	19		6	
職業・仕事による	22	13	21		30	70
学生時代の友人	2	2	8		7	20
その他	4	30	8			80
友人総数	55	83	63	30	78	200

c. C地区（回答者 n=62, 友人総数 975 人）

友人数（人）	1-5 (n=12)	6-10 (n=17)	11-20 (n=21)	21-30 (n=9)	40-50 (n=2)	70-80 (n=1)
コミュニティ活動による	13	7	61	36	3	12
サークル活動による		16	57	65	37	19
子供関係による	7	26	71	77	10	13
職業・仕事による	10	45	71	61	10	13
学生時代の友人	5	9	60	19		20
その他	7	37	44	3	30	10
友人総数	40	140	364	261	90	80

d. D地区（回答者 n=15, 友人総数 280 人）

友人数（人）	1-5 (n=3)	6-10 (n=6)	11-20 (n=2)	21-30 (n=1)	41-50 (n=2)	51-60 (n=1)
コミュニティ活動による		1	2			5
サークル活動による						40
子供関係による	1	6	13	30	10	1
職業・仕事による	3	23	10		60	4
学生時代の友人	6	1	8			5
その他	1	21			30	
友人総数	10	52	33	30	100	55

注：nはアンケートの本設問に回答した世帯主および配偶者の数を表す。知り合ったきっかけは，同じ友人に対して複数回答による。友人数の最低は1人，最高は100人である。
（アンケート調査により作成）

D地区においては，子育て期にある居住者が多いこともあり，PTAなどの父母会経験者による同窓会組織のような活動がみられた。PTA活動に参加した父親を主体とする団体の「おやじの会」がその例である。自治会連合会会長によると，就労期にある男性が参加する「おやじの会」は，D地区をはじめ，現在成田ニュータウン内に4団体結成されている。D地区に居住する男性は，子の小学校在籍時にPTA活動に参加した。役員としての活動を通じて知り合った父兄との交流の中で，「お母さんたちだけでなく，自分たち（父親）にできることをやろう」という意識をもったことから，「おやじの会」を結成していた。「おやじの会」はメンバーの親睦のほか，小学校行事への参加や「成田ふるさと祭り」における出店などを通じて地域の子を守り育てる役割を担っていた。子を通じての友人は，B・C・D地区ともに一定数あった。

次に，B・C・D地区の住民にとって，仕事を通じて知り合った友人が最も多い。これはこの3地区において居住者の多くが就労期にあるためである。B地区においては，就労期の世帯の居住に加え，退職後も仕事を通じて知り合った友人と交流を持つ居住者が多いために割合が高くなっているが，A地区では低い値を示した。インタビュー調査においては，A地区の居住者は，成田空港およびその関連産業への従事者よりも千葉県内の一般企業や公務員，自営業者が多い傾向がみられた。成田空港やその関連企業に勤務する居住者は，成田ニュータウン内の社宅を経て住宅購入している者が一定数いるために，職縁による友人が地区内の友人と重複する場合が多い。しかし，その他の職業では，職縁による友人が地区内の居住者と必ずしも重複しないため，地区内で形成された友人関係が多くなると考えられる。

学生時代の友人に関する項目では，D地区が最も多く，続いて同様に居住期間の短いC地区であり，若い世帯が多いほど学生時代からの友人数が多くなっていた。D地区に居住する女性は，成田市内に両親が居住しており，結婚を契機に成田ニュータウンに転居した。女性の一番の友人は，学生時代からの友人であり，その友人も成田ニュータウン内のD地区周辺に居住していた[7]。この女性は，2005年にD地区に入居したが，結婚・出産のために地域活動やサークル活動に頻繁に参加することが困難であったため，学生時代からの友人との

交流が中心となっている。

9-3 成田ふるさと祭りの運営

以下では，成田ニュータウンにおいて重要な地域イベントである「成田ふるさと祭り」の運営に関わるコミュニティ活動や居住者の団体の特性を示し，成田ニュータウンにおけるコミュニティ活動の特性を明らかにする。

(1) 成田ふるさと祭りの運営

成田ふるさと祭りは，成田ニュータウンの居住者が運営にあたる重要な地域行事である（写真9-1）。毎年8月下旬の2〜3日に渡って開催され，期間中約10万人が来場する。祭りの来場者の居住地は，成田ニュータウンが約60％，その他の成田市内が約30％，その他周辺地域が約10％（2007年成田ふるさと祭り実行委員会資料による）である。成田ふるさと祭りは，地域住民の連携を図ることを目的に始まり，2009年に30周年を迎えた。西口大通り上のボンベルタ前から京葉銀行前にかけての通りにおいて出店やパレードなどが行われ，地区センター広場およびボンベルタ前広場には3つのステージを設けて演技が行われている（図9-1）。

写真9-1　成田ふるさと祭りの会場
（2009年8月久保撮影）

9章 成田ニュータウンにおける地域社会の特性と住宅地の持続性　161

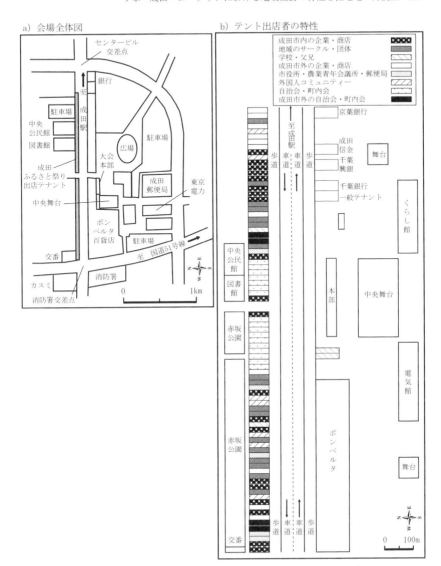

図9-1　成田ふるさと祭りの会場とテント出店者の特性（2008年）
(成田ふるさとまつり2008．一般・サークル出店届け，自治会出店届け，テナント配置一覧表により作成)

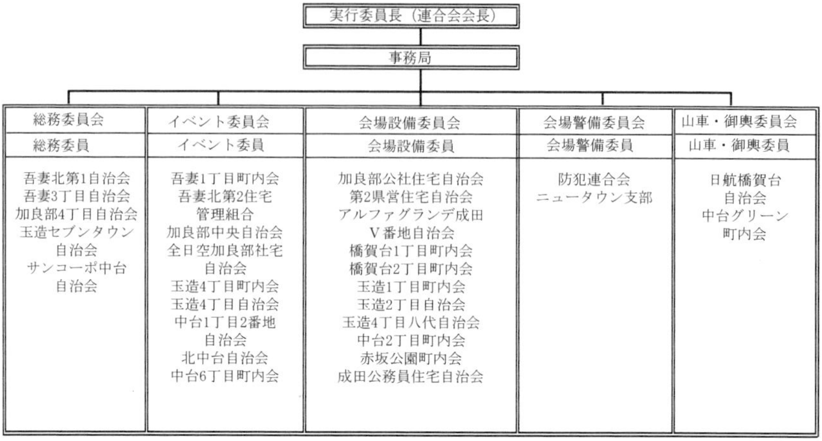

```
                    ┌─────────────────────────┐
                    │ 実行委員長（連合会会長）│
                    └───────────┬─────────────┘
                    ┌───────────┴─────────────┐
                    │        事務局           │
                    └───────────┬─────────────┘
```

総務委員会	イベント委員会	会場設営委員会	会場警備委員会	山車・御輿委員会
総務委員	イベント委員	会場設営委員	会場警備委員	山車・御輿委員
吾妻北第1自治会 吾妻3丁目自治会 加良部4丁目自治会 玉造セブンタウン自治会 サンコーポ中台自治会	吾妻1丁目町内会 吾妻北第2住宅管理組合 加良部中央自治会 全日空加良部社宅自治会 玉造4丁目自治会 玉造4丁目自治会 中台1丁目2番地自治会 北中台自治会 中台6丁目町内会	加良部公社住宅自治会 第2県営住宅自治会 アルファグランデ成田 V番地自治会 橘賀台1丁目町内会 橘賀台2丁目町内会 玉造1丁目自治会 玉造2丁目自治会 玉造4丁目八代自治会 中台2丁目町内会 赤坂公園町内会 成田公務員住宅自治会	防犯連合会 ニュータウン支部	日航橘賀台自治会 中台グリーン町内会

図9-2　成田ふるさと祭り実行委員会の組織図（2007年）
注：この他自治会連合会に加盟している自治会・町内会は各戸500円の協賛金を負担している。
（2007年度自治会連合会成田ふるさと祭り議事録および自治会・連合会資料により作成）

　成田ふるさと祭りは，成田ニュータウン自治会連合会に加盟する約35の自治会・町内会により運営されている。図9-2は2007年における成田ふるさと祭り実行委員会の組織図である。成田ニュータウン自治会連合会の会長を実行委員長におき，参加自治会・町内会および実行委員を中心に運営を行っている。成田ニュータウン自治会連合会に加盟している自治会・町内会は，祭りの運営やテナント出店などを行う。

　表9-5は2007年における収支の内訳である。成田ニュータウン自治会連合会に加入している各自治体・町内会からの分担金およびその居住世帯からのコミュニティ資金（500円／戸）が主たる収入である。さらに，市内200以上の企業や個人からの寄付金，市からの補助金等に加え，2007年からはスポンサーを募り広告料として資金を集めている。

　寄付金・祝金や協賛企業は，成田市内の企業もしくは成田市に支社をもつ業の参加が多数である。その業種は銀行・郵便局，病院・医院，建設業など様々であった。空港関連企業・ホテルは寄付金の授与のほかに，空港関連企業の従業員が祭りの際にテントを出店するなど，成田ふるさと祭りを支えている。さらに，福引抽選会[8]の際の福引景品の提供も行っている。福引景品の提供は，

表9-5　成田ふるさと祭りにおける収入内訳（2007年）

収入内容	収入額（千円）
補助金	6,038
コミュニティ資金	
ポスター補助金	
分担金	4,084
寄付金	1,985
協賛金	
祝儀	
その他収入	2,517
ロードトレイン収入	
テナント出店料	
キャラクターショウ負担	
福引景品	
Tシャツ販売収入	
電気使用量	
臨時電話補償金	
利息	
広告	851
前年度繰越金	3,692
収入計	19,167
支出計	15,274
次年度繰越	3,893

（成田ふるさとまつり2007．収支決算報告書により作成）

成田ニュータウン内に出店しているボンベルタ，カスミや，成田市内の老舗飲食店である川豊や橋本家なども行っている．福引の際には，自治会連合会の役員らが，順次くじを引いていく．祭り後半の特設ステージには，福引に応募した居住者が集合するため，独特の熱気に包まれていた．

　2005年からは，祭りオリジナルのTシャツを発売している．このTシャツは，成田ニュータウン内に拠点をもつ障害者団体が作製しており，嗜好を凝らしたデザインやカラーバリエーションで人気を博している．スタッフとして参加する居住者は，このTシャツを着用し，各種作業に参加していた．

（2）成田ふるさと祭りへの実行委員会の取り組み

　成田ふるさと祭りの自治会連合会，実行委員は「明るく安心安全な祭り」「ゴ

ミのないきれいな祭り」を目指すことで「地域に密着した祭り」を成功させようとしている。

「明るく安心安全な祭り」として行っている対策の第一は防犯の強化である。成田警察署と綿密な打ち合わせを行い，地域課・交通課の指導のもと防犯指導員100名ほどが会場内を巡回しパトロールを徹底している。また警備会社と契約し，交通規制を徹底している。また，明るい祭りの実現のために，街灯を増設し，歩行者天国内の照明を増設した。さらに危険回避のために，会場内の危険な箇所に対してネットを張るほか，2005年より会場内の禁煙化と喫煙場所の設置なども行っている。以下に示すのは，2005年の自治会連合会の議案で出された居住者からの祭りへの要望である。

> 会場は当日大勢の人でにぎわうため，会場での歩きたばこは子どもの目線の高さになり，たいへん危険である。（平成18年度第28回定期総会　議案書　平成17年度事業報告，成田ニュータウン自治会連合会）

このように居住者からの意見を迅速に祭りの運営に生かしていくことによって，祭りの安心安全が守られている。さらに，祭り当日は，全テントの代表者を日に数回集めて，実行委員会からの注意や，交通規制および観光客の入場状況などのアナウンスがなされる。これにより，全テント出店者への情報伝達が徹底され，祭りの安心安全が管理されている。

第二に，「ゴミのないきれいな祭り」として，2000年頃からゴミ用のかごに車輪をつけたものをスタッフが持ち，会場内を巡回する方式を採用した。以前はゴミステーションを設けた方式を取っていたが，ゴミがあふれ美観を損なうため，巡回方式に変更された。また，テナントからでるゴミは図書館付近の一カ所に集められ日に数回，回収を行っている。また，2009年からは，ペットボトルのキャップ回収も行っている。

第三に，「地域に密着した祭り」に関しては，成田ニュータウン内の各自治会・町内会は，祭りの運営の他に，出店，休憩所・サロンとしてテントを設けている。表9-6は2007年に出店もしくは休憩所・サロンを設けた業種別参加

表 9-6　成田ふるさと祭りにおける出店参加企業および団体（2007 年）

参加団体および企業の種類	参加団体数（％）
成田市内の企業・商店	16（24.6）
自治会・町内会	15（23.1）
地域のサークル・団体	11（16.9）
成田市外の企業・商店	11（16.9）
外国人コミュニティー	4（6.2）
市役所・農業青年会議所・郵便局	3（4.6）
学校・父兄	3（4.6）
成田市外の自治会・町内会	2（3.1）
合計（％）	65（100.0）

（成田ふるさとまつり 2007. 一般・サークル出店届け, 成田ふるさとまつり 2007. 自治会出店届けにより作成）

写真 9-2　外国人居住者によるテント
（2009 年 8 月久保撮影）

企業およびサークル・団体，自治会・町内会の数である．出店テナントは連合会加盟の自治体・町内会を優先に，成田市に居住する個人もしくはサークルが中心となっている．これらの出店者は，ニュータウン居住者の楽しみや交流の場としてテントを設け，ふるさと祭りを盛り上げている．毎年約 15 の自治会・町内会と約 50 の個人およびサークルが出店している．

出店しているテントには成田市に居住している外国人によるテントもみられた（写真 9-2）．外国人居住者によるテントの出店は，中央公民館で交流をしているペルー，フィリピン，メキシコ出身者のテナントを 2001 年に設けたこ

とから始まり，現在まで継続している（平成15年度　自治会連合会定期総会議案書　平成14年度事業報告）。2007年には4つの外国人居住者の団体の参加がみられ，外国人居住者の参加者は増加傾向にある。

また，成田ふるさと祭りへの出店は，地場産業のPRとしての役割も期待されており，地域でとれた野菜や製品も販売されている。農業青年会議所が参加し，地元で取れた野菜の直売を行っている。祭りに参加している企業も宣伝効果を期待しており，会場内企業広告は2007年より開始された。成田ニュータウン外からの飲食店等の出店もみられるが，少数であった。2006年からは，成田ケーブルテレビによって祭り会場からテナントを宣伝するための生中継が行われている。

9-4　成田ふるさと祭りへの住民参加

祭り会場には部隊が3つ設けられており，中学校のブラスバンド，中央公民館などで活動しているサークルが出演している。出演者は成田ニュータウン居住者が中心であるが，年々出演希望のサークルが多くなっているという（平成20年度・第30回定期総会　議案書　平成19年度事業報告）。表9-7は2007年に舞台に出演したサークル・団体の数である。地元中学校のブラスバンド部を始め，ダンスや音楽のサークル，成田エイサー美ら海会などの県人会組織がみられる。また千葉県花笠会などのように，千葉県や他府県に拠点をおくサー

表9-7　成田ふるさと祭りにおける出演サークル・団体数（2007年）

参加団体の種類	団体数（％）
地域住民によるサークル・団体	13（50.0）
成田市の演芸団体・消防署ブラスバンド	4（15.4）
中学校部活動	3（11.5）
自治会・町内会の芸能保存会	2（7.7）
千葉県・関東圏のサークル・団体	2（7.7）
プロ演奏者	2（7.7）
合計（％）	26（100.0）

（成田ふるさとまつり2007．パンフレットにより作成）

9章 成田ニュータウンにおける地域社会の特性と住宅地の持続性　167

クルの参加もみられた。

　表9-8は成田ふるさと祭りへの住民の参加頻度である。各地区ともに，出店者・演奏者やスタッフとしての参加よりも，見物客としての参加が多数である。参加頻度の項目ごとにみていくと，A地区とC地区の居住者は出店者・演奏者，

表9-8　成田ニュータウンにおけるアンケート回答世帯の成田ふるさと祭りへの参加頻度（2009年）

参加頻度	出店者・演者として								スタッフとして							
	世帯主				配偶者				世帯主				配偶者			
	A	B	C	D	A	B	C	D	A	B	C	D	A	B	C	D
ほぼ毎回参加する	3				1				1		1					
2〜3回に一度参加する	1		1						1	2	2				1	
数回参加したことがある	10	4	8		7	2	10		11	4	12	2	9	3	12	1
参加したことがない	1	9	15	4	3	10	12	6	3	7	13	3	3	10	11	5
不明	7	11	14	7	12	12	14	5	6	11	10	6	11	11	12	5
合計	22	24	38	11	23	24	36	11	22	24	38	11	23	24	36	11

参加頻度	見物客として							
	世帯主				配偶者			
	A	B	C	D	A	B	C	D
ほぼ毎回参加する	7	14	23	5	4	12	23	5
2〜3回に一度参加する	5	3	2		3	2	1	
数回参加したことがある	2	2	9	2	6	2	6	2
参加したことがない	1	1		1				
不明	7	4	4	3	10	8	6	4
合計	22	24	38	11	23	24	36	11

注：アンケートの本設問に対する各地区における回答者数は，A地区は45人（世帯主22人；配偶者23人），B地区は48人（世帯主24人；配偶者24人），C地区は74人（世帯主38人；配偶者36人），D地区は22人（世帯主11人；配偶者11人）である。「出店者・演者として」，「スタッフとして」，「見物客として」の参加頻度について，世帯主および配偶者から得られた回答をそれぞれ集計した。
（アンケート調査により作成）

スタッフとしての参加が，B地区，D地区の居住者は見物客としての参加が多い。世帯主の参加が配偶者の参加に比べ多いことは特筆すべき点であろう。配偶者の参加は各地区ともに見物客としての参加が多数を占めるが，世帯主は出店者・出演者，スタッフとして携わる頻度が多く，さらに見物客としての参加も配偶者に比べ盛んである。「成田ふるさとまつり一般・サークル出店届け（2007年）」および2007年の「成田ふるさとまつりパンフレット」によると，テント出店者やステージ出演者の中には，「おやじの会」や中年男性のバンドグループ「KSO2」，「吾楽会」といった男性が中心となって参加しているものがおり，男性居住者が祭りに積極的に参加する様子が確認できた。

　成田ふるさと祭りで問題の一つに挙げられているのは，自治会連合会に非加盟の自治会・町内会の存在である。自治会連合会に非加盟の自治会・町内会の世帯数は2007年で2,381世帯である（2007年，自治会連合会7月定例会資料による）。2007年時点でのニュータウン内の世帯数は14,373世帯であり，16.5％の世帯が自治会連合会に未加入であることになる。自治会連合会に加盟している自治会・町内会を通じて配布する福引抽選券について，連合会に非加盟な自治会・町内会や一般住民からの抽選券への問い合わせが多くなっており，自治会連合会では未加入自治会への加入呼びかけを行うなどの対策をとっている（2005年，平成17年度・第27回定期総会　議案書　平成16年度事業報告）。また，今後の成田ふるさと祭りの果たす役割として，成田ニュータウン内の世代間交流への期待が挙げられている。

　　［今後のまつりについて］
　　　小学生・中学生のグループとしての参加を促進していきたいと考えます。各自治会・町内会で高齢化が進んでいる現状を考えるとき町内の融和・高齢者と若年層との交流を視野に入れた方向で行事を模索していきたいと考えております。
　　　また，まつりに高齢者が気軽に参加でき，楽しめることは何か，またどうしたら参加することができるのかを考えていきたいと思います。（中略）
　　　現在のまつり運営はまつり委員の皆さまを中心にしておりますが，今後

9章 成田ニュータウンにおける地域社会の特性と住宅地の持続性　169

写真9-3　成田ニュータウン自治会連合会の神輿
（2009年8月久保撮影）

は高校生の参加を仰ぎ，本部運営の中での若い力の活用と世代の継承をはかることを進めてはと考え，ふるさとまつり2006ではニュータウン内の高校生に声をかけ，実施していきたいと思います。（平成18年度・第28回定期総会　議案書　平成17年度事業報告）

　成田ふるさと祭りでは，成田ニュータウン自治会連合会が所有する神輿のほか，加良部地区の自治会が所有する神輿や子供神輿が会場を練り歩く（写真9-3）。2009年の祭りにおいては，橋賀台地区に居住する小学生によって担がれた子供神輿が祭り会場を練り歩き，その後居住地区内の祭りを盛り上げるために橋賀台地区までみこしを担いで練り歩く姿がみられた。橋賀台地区は，成田ニュータウンの開発の初期に分譲された戸建住宅と空港関連企業の社宅，URによる賃貸住宅が立地する地区である。居住形態や分譲時期によって同じ地区内でも居住者の住民構成に差異がみられる地区において，祭りを通じた世代間交流が図られていた。

9-5　成田ふるさと祭りへの参加と地域への定着

　成田ニュータウンにおいては，男性の地域活動参加が顕著であり，自治会連

合会への参加をはじめ、「おやじの会」や「吾楽会」といった、地域貢献や居住者交流のための活動が確認できた。成田ニュータウンにおいては、若年から高齢期まで幅広い世代の男性居住者が容易に地域活動やサークル活動を通じて地域に関わっている。ここでは、居住者の事例から、成田ふるさとまつりへの参加を通して地域に根付いていく様子を示す。

　成田ニュータウン自治会連合会の役員で、70歳代の男性（A氏）の事例を示す。A氏は、1984年にA地区にて戸建住宅を購入し、成田ニュータウンに転入した。世帯主・配偶者ともに東京都の出身であり、世帯主は成田ニュータウンへの転居以前に東京都内で就業していたが、千葉県内の東金に勤務地が変わり、現在は成田市内で書店・文具店を経営している。1999年頃から成田ニュータウン自治会連合会の役員に就任した。A氏が役員に就任して以来、成田ふるさと祭りは大きく進歩している。先述の「明るく安心安全な祭り」「ゴミのないきれいな祭り」、「地域に密着した祭り」という方針に則り、様々な方策を講じてきたのは、A氏をはじめとする自治会連合会の役員および各自治会・町内会の役員の尽力によるものである。

　A氏の尽力に加え、成田ニュータウン自治会連合会の顧問を務めるニュータウン出身の市議会議員との連携が居住者ニーズを市政に反映させることに繋がっている。2009年時点においては、成田ニュータウン出身の市議会議員は7名であった。しかし、現職の議員だけでなく、議員経験者も積極的にニュータウン内の生活利便性向上に関わっている。例えば、市議会議員経験者が中心となって、閉鎖したショッピングセンターの跡地利用方策を千葉県と連携して議論し、新しい形で再開させた玉造地区の事例がある。また、地区内の居住者の定住意識を調査し、居住者と居住地区の安全性や居住性を向上しようとした橋賀台地区などもある。

　次に、B地区における「吾楽会」の会員の事例を示す。「吾楽会」のメンバーは、成田ふるさと祭りにおいて一番人気のテントを出店していた。「吾楽会」では、会員が景品を仕入れ、1回100円のくじ引きのテントを出店した。くじには外れがなく、必ずおもちゃや飲み物、駄菓子などをあてることができる。当日の売上は、すべて会員の飲食代などに充てられる。「吾楽会」の会員の一人は、

売上目的ではなく，テントを出すことが会員の楽しみであると語った。「吾楽会」メンバーは，祭りへの出店などの活動を通して地域に親しみ友人関係を築き，地域に根付いていた。

「吾楽会」以外にも，A地区の出店したテントにおいても，女性居住者よりも男性居住者が積極的に働く姿がみられた。幅広い年代の男性が，コミュニティ活動に参加していく契機として，「おやじの会」や「吾楽会」を結成し，そのメンバーと共に「成田ふるさと祭り」へ参加している。「成田ふるさと祭り」への出店は，居住者間の親睦を深め，地縁を築く役割を担っていると考えられ，地縁が形成されるにつれ男性居住者が成田ニュータウンへの愛着をはぐくんでいくものと考えられる。

成田ニュータウン自治会連合会の活動を充実させるリーダーであるA氏が，地域行事の発展に貢献し，自治会内の連携を強めたことによって，地域行事である「成田ふるさと祭り」が発展した。「成田ふるさと祭り」が観光資源となりうるほどの集客を可能とする祭りに成長したことによって，成田市内に拠点を置く企業にとっての宣伝効果が増大した。また，コミュニティに参加する居住者にとっても，自身が楽しんで出店や参加をすることで居住者間の連携を深め，コミュニティに参加していく契機となっている。

9-6　成田ニュータウンの持続性と地域コミュニティ

(1) 住民の定着と地域活動への参加頻度

成田ニュータウンにおいては，居住地区によって地域活動への参加頻度に違いがみられた。つまり，居住期間の長い居住者が多い地区ほど，居住者のコミュニティ活動およびサークル活動の両面において，参加頻度が高くなる傾向がみられた。居住期間の短い世帯が多い地区においては，コミュニティ活動が成熟しておらず，地区内でのコミュニティ活動への参加頻度は少なかった。また，住宅購入時期が結婚や子の誕生および成長と重なるためにサークル活動を新規に始めにくいこともあり，サークル活動に関しても同様の傾向がみられた。友人関係については，居住期間が長くなるほど地区内の友人が増加しており，居

住期間が短い世帯では，学生時代の友人などの方が多い傾向がみられた。これは，居住期間に加え，居住者の出身地にも影響される。成田ニュータウンの開発初期は，土地や住宅の価格が高騰し，通勤圏が広範囲に広がった時期であったため，東京都や千葉市などへの通勤者が居住者に含まれた。しかし，バブル経済期以後は土地価格が下落し，空港関連企業に従事する世帯を除けば，成田市およびその周辺からの転入が卓越していくからである。女性居住者では，成田市で生まれ育ち，学生時代からの友人が成田ニュータウン内に居住している例もあった。このような社会経済状況の変化の影響を受けた居住者特性差異が，友人関係に影響しているといえる。

(2) 職住近接と男性居住者の地域活動参加

　成田ニュータウンにおいては，男性居住者のコミュニティ参加が比較的活発であった。「おやじの会」や「吾楽会」などの活動に加え，自治会連合会役員についても男性会員が嗜好を凝らし，祭りの発展や居住者間の交流，地域貢献に励んでいる姿がみられた。

　木村（2006）においては，郊外地域において男性退職者が，退職後に地域との接点を求めて地域活動に参加していく過程が明らかにされた。一般的に日本の多くの郊外住宅団地は大都市の都心部への通勤者のためのベッドタウンとして計画され，居住者の多くも，都心通勤の会社員の世帯が多い。そのため，定年退職を迎えるまでは地域活動などへ参加せず，定年退職を契機として地域と向き合うようになる。そして，自身の生活の充実のためだけでなく，就業時に培った知識や経験を地域貢献に生かしていこうとする傾向があった。

　一方，成田ニュータウンは，東京都心から 60km 圏に立地し，成田空港に近接するという背景から，当初から自立的な職住近接型の郊外住宅地として発展していった。そのため，航空会社や空港関連企業で就業する男性の多くは，就業上の人間関係と地域での人間関係に大きな乖離がなく，地域内における人間関係が就業時から形成されている場合が多かった。また，空港関連産業従事者以外でも，就業地が成田市内である世帯が多いため，職縁と地縁とが一致しやすい条件がそろっていた。職縁と地縁が一致しやすいことで，男性の多くが就

業時から地域内に組織を作り活躍しやすい状況ができたことが成田ニュータウンの特性であるといえる。

　また，就業時から地域活動に参加する男性居住者の地縁を深める契機として，「成田ふるさと祭り」が果たす役割は大きい。つまり，単に職住近接の住宅地であるだけでなく，居住者が自ら地域に貢献する場所として祭りが機能している。また，その祭り自体を発展させていく要素として，成田ニュータウン出身の市議会議員や自治会連合会役員の尽力が大きい。さらに，成田市内に空港という大きな産業があり，単に定期的に若年の就業者を地域貢献の人材として成田ニュータウンに送りこむだけではなく，空港関連企業が祭りなどの地域行事などに参加していることが重要な要素である。

9-7　本章のまとめ　－成田ニュータウンにおける住宅地の持続性と地域社会

　本章では，成田ニュータウンにおけるコミュニティ活動の特性を明らかにすることを目的とし，アンケート調査およびインタビュー調査を実施した。その結果，以下のようなことが明らかとなった。

　成田ニュータウンにおいては，自治会や町内会など，地区内の居住者が主体となって，地区内の生活利便性の向上などを行政と連携して行うコミュニティ活動と，成田ニュータウン内の施設を利用して活動する趣味の活動やサークル活動がコミュニティを形成する重要な活動であった。これらへの参加は，居住期間の長い居住者の多い戸建住宅地区において積極的にみられ，居住期間の短い分譲の集合住宅においては，消極的であった。

　一方で，居住期間にかかわらず，「おやじの会」や「吾楽会」など男性居住者が参加する活動が確認された。これらの会は，就業時期に形成され，地域貢献や参加者の親睦を深める働きをしていた。男性居住者が地縁を深め，成田ニュータウンに愛着を形成していく契機として「成田ふるさと祭り」への参加が重要な役割を果たしていた。

　成田ニュータウンにおいては，男性居住者が就業時からコミュニティ活動に参加し，女性はサークル活動などに積極的に参加していた。ベッドタウン型の

コミュニティが女性主導で，定年退職後に男性が加わる構造であったのに対し，自立型の成田ニュータウンは男女がそれぞれに活躍の場を持ち，定年後には就業時に築いた地縁からサークル活動などの交流活動に発展していく傾向がみられた。自立的な立地条件に加えて，成田空港という就業機会によって地縁と職縁が一致しやすい状況が生まれたことが，男性居住者のコミュニティ参加を早期から可能にした。成田ニュータウンの生活の質を高めるためのコミュニティ活動，成田ニュータウン居住者の交流を深めるサークル活動の両面が豊かに育まれたことによって，成田ニュータウンの居住性が高まり，多様な年齢構成，収入層の居住者が心地よく居住できる街が形成されたと考えられる。このような特性がすべての自立型の郊外住宅地に当てはまるかは今後の課題であるが，ベッドタウン型と自立型の郊外住宅地では，コミュニティのあり方が大きくことなることが示された。

　成田ニュータウンでは，多様な地域コミュニティが形成されており，これらが居住環境の社会的側面を維持している。また，地域コミュニティが機能していることによって，物質的側面にも良い影響が生まれている。たとえば，住宅地区内の道路を一方通行にして不足していた駐車場を確保した地区がある。また，成田ニュータウン出身の市議会議員が複数いることもあり，市議会議員や市議会議員経験者らが中心となって，閉鎖していた地区センターの商業施設（スーパー）を再開させる動きも確認された。多様な人材が活躍する地域コミュニティは，住宅地の居住環境を守る上で，重要な役割を果たすものである。

10章　海外都市の居住環境に学ぶ
−第2部の結びにかえて

　本章では，まず，郊外と都心の関係性を検討するため東京都心部における住宅問題の分析を行い，それと諸外国における都心居住の動向とを比較する。次に，世界的に「住みやすい都市」として評価を受けているカナダの諸都市を事例として，都市における住宅供給や住宅問題，住宅地の維持管理システムなどをソシアル・ミックスに着目して整理する。これらを通して，海外の事例から日本が学ぶべき点を提案する。

10-1　東京都心の住宅問題　−都心居住の影で

　東京都心部においては，マンション供給の増加にともなう都心人口の回復が顕著であり，一見すると明るい話題に包まれているように見える。しかし，都心マンションが増加したことで保育サービスなどの福祉が不足し，インターネットなどを活用して保育所への入居可能性を高める「保活」が必要になるなどの現象がしばしば問題視されている（久木元 2013；久木元・小泉 2013）。これに加えて，東京都では，公営住宅の建替えにともなうコミュニティの崩壊や老朽化した公営住宅で居住者の高齢化が進む問題も看過できない。
　公営住宅では，入居希望者に対して収入制限があるため，入居後に収入が上昇する可能性の少ない高齢世帯や低所得世帯などが滞留しやすく，居住者の加齢に伴い高齢者の割合が上昇していく傾向があることが指摘されている（由井 1993，1996）。「ハウジング・トラップ」と呼ばれるこの現象は，郊外よりも都心の公営住宅でより深刻であるという（由井 1993）。以下では，東京都心部における公営住宅での高齢化問題を概観する。
　東京都都市整備局（2011a）によると，東京都都市整備局が管理している東

京 23 区内の公営住宅（計 16 万 6,506 戸）のうち，26.6%（4 万 4,354 戸）は 1960 年代以前に建設されたものである[9]。また，1990 年代以降に建設されたものは，19.4%（3 万 2,271 戸）を占める。1990 年代以降に顕著であるのは都心 3 区（千代田区，中央区，港区）での建設増加であり，この時期に 23 区内で建設された公営住宅の 10.1%を占める 3,266 戸が都心 3 区で建設された。従来から公営住宅の建設が多い足立区（1990 年以降 4,151 戸）や江東区（同 3,038 戸）では同時期にも建設戸数が多いものの，都心 3 区においては 1980 年代までに建設されたものが 3,250 戸であり大幅に建設戸数が増加した。

都営住宅の入居資格[10]をみると（東京都都市整備局 2011b），入居可能な世帯は都が設定した所得基準を満たし住宅に困窮した若年の核家族や 60 歳以上の単身者であり，若年ファミリー世帯や多子世帯，ひとり親世帯については子育て支援の一環として入居を優遇している。居住者の滞留に加え，高齢者が入居しやすい条件であることから居住者の高齢化が進行しやすい状況にある。

国勢調査（2005 年）をもとに，公営住宅（都営住宅以外の公営住宅も含む）が地区内住宅の 92.1%を占める新宿区戸山 2 丁目の状況を概観する。戸山 2 丁目の住宅の状況をみると，住宅の延べ面積が 30〜49m^2 のものが 84.9%を占めており，大半が小規模世帯向けの集合住宅である。同様に居住世帯は，単独世帯が 37.7%（65 歳以上の単独世帯は 25.1%），夫婦のみ世帯が 23.5%（世帯主が 65 歳以上の夫婦のみ世帯は 14.7%）となり，65 歳以上の人口は地区内の 43.2%を占める。高齢世帯は収入増加によって公営住宅を退出することが考えにくく長期的に居住することが想定されるため，単独もしくは夫婦のみで居住する高齢者の割合は今後さらに増加していくと考えられる。

10-2　海外の都市における都心居住の動向

都心居住の進展や都心部における人口回復は，東京だけで確認されるものではない。北米やオーストラリアの主要都市においても同様の現象が注目を集めている（たとえば Tsutsumi and O'Connor 2011；Bounds and Morris 2006）。都心居住の進展をめぐる諸課題は，現代の主要都市において一般的に確認されるも

のである。ここでは，諸外国における都心居住の動向について理解するために，まず，既存の研究成果を整理し，北米やオーストラリアの主要都市において都心部やコンドミニアムが好まれるようになった社会経済的背景を検討する。次に，gentrification が盛んなニューヨークと，裕福な移民が転入したことによって都心部が変化しているカナダのバンクーバーの事例を検討する[11]。

(1) 社会経済状況の変化と都心でのコンドミニアム居住の関係

日本とは異なり，諸外国では移民の転入が多く，転居や住宅購入の回数も多く移動性が高い社会が形成されている。都心のコンドミニアムの増加は，主にアジア系の移民が留学や不動産投機，ビジネス移民として転入していることと関係が深いとする成果が多数報告されている（Ley 2010 ; Moose and Skaburskis 2010 ; Tsutsumi and O'Connor 2011）。

ただし，日本との共通点がないわけではない。たとえば，東京都で顕著であった単身女性のマンション購入と似た現象は，トロントなどの都市で事例が報告されている（Kern 2010）。Kern（2010）によると，新自由主義の都市政策の影響で，都心部でのコンドミニアム供給が増加し，都心ライフスタイルを消費する対象として女性が重要視されるようになってきた。

同様に単独世帯の増加により，単身でのライフスタイルが普遍化し，単独世帯のライフスタイルに合致したサービスの提供が必要とされている点も諸外国と共通する。たとえば，Klinenberg（2012）は，アメリカにおける単独世帯の居住や就業，生活の実態をまとめている。また，都心部のコンドミニアムは，移民に加えて共働き世帯にも好まれているとの報告もある（Ley 1996）。

さらに，社会経済状況と居住選好の関係についても共通項を見出すことができる。大学授業料の高騰により学生ローンの支払いに苦慮することとなったり，不安定な就業状況など影響を受けたりしやすい若年世帯は，これまでの北米社会（特にアメリカ）で理想とされてきた郊外の戸建住宅を求めなくなってきているという。相対的に貧しい若年世帯は，都心部や都心近郊で Studio タイプのコンドミニアムや小規模なタウンハウスを購入するようになっていることが，住宅価格や住宅供給にも影響を与えている。

つまり，移民が多く移動性が高いという住宅市場の差異は大きいものの，単独世帯や女性の住宅購入が都心居住と結びついていたり，夫婦共働き世帯に都心選好の傾向があったりと，日本での都心居住動向と似た現象も多く確認することができるのである。

(2) ニューヨークにおける都心居住

東京だけではなく，ニューヨークやロンドンの都心部においても住宅系の（再）開発事業が進行しており，gentrification として注目を集めている（Lees 2000；Davidson and Lees 2005；Butler and Lees 2006）。これは，老朽化したアパートなどを改装したり立て替えたりすることで高級住宅化する動きで，ニューヨークでは1970年代末頃から盛んになっている。特に，ニューヨークの都心部にあたるマンハッタンでは，都市での文化的なライフスタイルを求めて，都心部に居住する人が増加した。

また，高級住宅街であるアッパー・ウェスト・サイドに加え，アッパー・イースト・サイドにも，ヤッピーと呼ばれる，若く都市的生活様式を好む専門職の人々[12]が居住するようになり，高級住宅地化が進んでいる。

地区内の居住環境が改善されることは都市計画や政策決定者にとっては好ましいことであるが，既存居住者の立ち退きなどの問題があることも忘れてはならない。マンハッタン北部の黒人居住地区であるハーレムにおいても，1980年代から gentrification が進み，住宅価格の上昇によって既存の居住者が立ち退かざるをえなくなると危惧されている（Schaffer and Smith 1986）。

ニューヨークのマンハッタンにおいては，各地で高級住宅地化が進行しており，都心部の居住機能は益々高まってきている。市場主導で都市化や住宅供給が進められてきたアメリカでは[13]，不良住宅地区などは gentrification によって高級住宅地へと変化する速度も速い。しかし，その背景にある低所得者やホームレスの住宅問題について政府や NPO などが何らかの対応をとらなければ，治安が悪化するなどの地域の居住環境悪化につながる。

(3) バンクーバーにおける都心居住

次に，バンクーバーにおける都心居住の動向を都心部における住宅系土地利用（コンドミニアム）の増加と，移民の特性から検討する。

バンクーバーに初めて中高層の集合住宅が建設されたのは1968年のことで，郊外のPort Moodyに建設された3階建，42戸の小規模なものであった（Harris 2011）。1970～80年代にはミドルクラスが居住する街区に小規模なコンドミニアムが供給された（Ley 1996）。初期の居住者は，若いカップルや単身者，郊外の戸建住宅よりも安価な形態として選択した核家族世帯，子の離家などで必要とする居住スペースが減少した高齢夫婦などであった（Harris 2011）。

しかし，工業や製造業から専門職やサービス業への転換が進んだ1980年代以降は，大規模な住宅地開発が行われるようになり，1986年にEXPO'86が開催された際には，工業的土地利用が卓越していたFalse Creek周辺がコンドミニアムを含む新開発地として利用されダウンタウンの人口増加を引き起こした（Harris 2011）。これらの開発に香港系の不動産開発会社であるConcord Pacificが積極的に加わり，超高層コンドミニアムの建設が増加した（写真10-1）。

その後，アジアからの裕福な移民がコンドミニアムを購入する動きが顕著になっていった。バンクーバーの優れた居住環境や英語での欧米式教育の機会を評価してアジアからの裕福な移民が転入し住宅を購入するようになると，バン

写真10-1　バンクーバーのダウンタウンにおける超高層住宅の卓越する景観
（2010年久保撮影）

180　第 2 部　郊外住宅地の衰退と持続性

写真 10-2　バンクーバーの FalseCreek 地区における高級マンション
（2010 年久保撮影）

クーバーの住宅価格は上昇した（Moos and Skaburskis 2010）[14]。バンクーバーでは移民による住宅購入が盛んであるものの，1990 年代以降にバンクーバーに転入した移民の多くは現地で就労しているわけではなく，出身国で既に財産を築いてきたものか資産の運用などによって出身国で収入を得続けているものであった（Moos and Skaburskis 2010）。

　裕福な移民たちが高級な住宅を購入し，その結果地域内の住宅価格が上昇するため，地元住民にとっては住宅価格高騰の問題が深刻である。City of Vancouver Housing Centre（2005）によると，市内の約 4 万人（2 万 0,500 世帯）は，ホームレスになるリスクを抱えているという。2006 年にはバンクーバー都市圏での平均収入に占める平均住居費の割合は 24.8％を占め，カナダの平均（22.9％）を大きく上回った（CMHC 2009a）。

　ここでは，住宅価格の高騰や公営住宅不足などが大きな問題となっているが，その解決策として，近年ではダウンタウン・イースト・サイドにおいて低所得者に向けた支援住宅や公的住宅を建設する動きがみられる。例えば，女性のための支援施設，精神病患者やドラッグ中毒者のための支援施設も市や州，国の支援で建設されている（CMHC 2009b，2011）。また，オリンピック選手村の跡地に建設された高級マンション（写真 10-2）の中には，2008 年のアメリカ発の経済危機の影響を受けて販売が停滞していたため，住戸の一部を公営住宅等として市が管理するものがあった。

10-3 カナダの住宅地におけるソシアル・ミックス

(1) カナダの都市におけるソシアル・ミックス

　カナダの都市は，「住みやすい街」ランキングの上位に選出されることが多い。たとえば，マーサ・ヒューマン・コンサルティングのクオリティ・オブ・リビング調査（2012年）では，バンクーバーが第5位に，オタワとトロントがそれぞれ14位と15位に選出されている。また，エコノミスト・インテリジェンス・ユニットのQOLインデックス（2013年）でも，バンクーバー（3位），トロント（4位），カルガリー（5位）とカナダの主要都市は高く評価されている。これらの調査では，海外の投資家や企業が進出する際の障壁の少なさが重要視されているため，スキルのあるビジネス移民を受け入れる政策などを打ち出しているカナダが有利になっていると考えられる。

　しかし，政策面だけでなく，社会階層や人種による軋轢の少なさも重要な要素となりつつある。つまり，良好なソシアル・ミックスが実現している都市は，国際的な評価を受けやすくなってきているのである。カナダの主要都市（特にバンクーバーやトロント）では，裕福な移民が転入していることもあり，人種や社会階層間の軋轢は他の欧米諸国と比較して少ない。良好な多文化共生社会が実現されているといっても過言ではあるまい（写真10-3）。ただし，ブリティッシュ・コロンビア大学地理学部のElvin Wyly准教授によると（2014年3月UBCにてインタビュー実施），バンクーバーで人種や信条を理由にした軋轢を目にすることはめったにないものの，人種や社会階層のグループ毎に見えない壁が存在し，その壁を越えることは難しい面があるのも事実だという。

　先述の通り，移民が住宅価格を押し上げていることや，政策の影響で社会的な弱者を受け入れる公的な住宅の供給は圧倒的に少ないことなど，ソシアル・ミックスに関係する住宅問題は存在している。現在，ソシアル・ミックスについて議論の的となっているのは，ダウンタウン・イースト・サイド（DTES）の再開発事業である。

　DTESは，チャイナ・タウンやかつての日本人街を含む地域であり，居住者の約22％が65歳以上，63％が単身男性，93％は賃貸住宅に居住する地区である。

182　第2部　郊外住宅地の衰退と持続性

写真 10-3　レインボー・フラッグがはためくバンクーバーの Davie Street の景観
(2010 年久保撮影)

かつての DTES は，日雇い労働者が平均 350CAD ／月程度で住み着く安宿街であった。しかし，1986 年の EXPO を契機として近隣の False Creek 一体が再開発されることとなり，DTES でも安宿街が観光客向けの宿泊施設に建替えられていった。EXPO などの国際的なイベントが開催され，裕福な移民が転入するようになると，バンクーバー都市圏の住宅価格は高騰しだすが，DTES だけは安価な居住地であった。

　DTES でも住宅価格の上昇が始まると，ホームレス増加の問題が起こる。1996 年に市長はホームレス支援策を打ち出したが，冬季オリンピック後の経済状況の変化によりホームレスは増加した。2005 年に就任した新市長は，観光都市を目指した開発に注力しており，弱者のための政策は停滞した。

　現在，DTES では，大規模な再開発事業が進行している。この再開発事業では，公的住宅や低所得者向け住戸を取り入れるなどのソシアル・ミックス案が提案されているものの，その是非をめぐっては連日メディアを巻き込んだ議論がなされている。

(2) ソシアル・セグリゲート型の住宅地開発が進むカルガリー

　カルガリーにおいては，郊外での大規模な住宅地開発が進められている（写真 10-4）。マッケンジー・タウンが有名であるが，カルガリーでは多様なコンセプト（外観など）の住宅地を見ることができる。Home-owners Association が

10章 海外都市の居住環境に学ぶ 183

写真 10-4 カルガリーのダウンタウンの景観
(2013年久保撮影)

写真 10-5 カルガリーのマッケンジー・タウンにある高齢者専用街区の景観
(2013年久保撮影)

管理する街区や，高齢者専用街区なども存在している(写真10-5)。写真10-6は，居住者専用湖をもつ街区の様子である。しかし，アメリカや発展途上国の都市で顕著な，セキュリティを強化するためのゲーテッド・コミュニティとは異なり，居住者専用の施設を持つことで住宅地の付加価値を高める効果が大きいようである。カルガリーでは，各住宅地は居住者専用施設を設けて価値を高める工夫がいたるところで確認できる。つまり，ソシアル・セグリゲート的な住宅地開発が進行しているのである。

こうした住宅地が単体で，もしくは複数でコミュニティ・センターを有して

184 第2部 郊外住宅地の衰退と持続性

写真10-6 カルガリーにある居住者専用湖の様子
(2013年久保撮影)

写真10-7 カルガリーのコミュニティ・センターでビンゴ・ゲームに興じる居住者の様子
(2013年久保撮影)

いる(写真10-7)。コミュニティ・センターは,日本の公民館よりも役割が大きく,レストランやアイスホッケー場,ボーリング場,映画館など多様な機能をもつ地域コミュニティの拠点である。また,会員に利用が限定されているクラブなども存在している。各住宅地区の管理組合,コミュニティ・センターの運営に関わる地域組織などが階層性をなして地域コミュニティを形成している。ただし,各地区の住民の社会経済属性とコミュニティ・センター利用の積極性／消極性(住民の参加程度など)の間には明確な関係性は見出せないという(Davies and Townshed 1994;Townshed 2006)。

10-4　日本の都市が学ぶべきもの

　人種や社会階層間の軋轢が少ないカナダの都市を代表するバンクーバーとカルガリーでは，住宅地や地域内でのソシアル・ミックス／セグリゲートのあり方は大きく異なり，住宅地の維持管理手法や抱える住宅問題が異なっている。

　バンクーバーは，良好なソシアル・ミックスを実現し国際的な都市間競争において高く評価されている。しかし，ミクロなスケールでみると，社会階層や収入，人種の別に見えない壁が存在し，その壁を越えかねない住宅開発には反発の声も上がっている。一方のカルガリーは物質的に住宅地の境界や管理主体が別れている。

　Hutton（2011）は，バンクーバーの政策を批判的に検証し，より持続性を高める都市政策を提案している。著者は，都市の持続性を考えるとき，ジェイコブス（2010）が主張した都市における「多様性」の議論が再評価されるべきであると考えている。多様な人々が昼夜を問わず行き来し活気を生み出す都市をつくるためにも，日本にあった良好なソシアル・ミックスを可能にする住宅開発の手法（都市計画や住宅政策による誘導など）や，住宅地やコンドミニアムにおいて持続的に地域を維持管理する仕組みを構築することが必要となる。

　日本において持続的に住宅地を維持管理する仕組みを構築するため，今後も日本とカナダの都市において実態調査を継続していく。具体的には，カナダの都市において物質面（建造物など）と社会面（地域社会やコミュニティ）の維持管理の仕組みを調査し，日本に応用可能な要素を抽出していきたいと考えている。

謝辞および出典

　第2部の調査にあたっては，対象地域の自治体および住民の方々にご協力いただきました。広島大学の由井義通教授および広島大学と筑波大学の大学院生には，空き家実態調査とその論文化についてご指導およびご協力をいただきました。ここに記してお礼申し上げます。

　本研究の遂行に当たっては，日本学術振興会特別研究員奨励費（DC2）「東京大都

市圏におけるマンション供給にともなう都心空間の変容に関する地理学的研究（課題番号09JOO338，2009～2010年度／研究代表者　久保倫子）」，公益財団法人国土地理協会平成25年度助成金「郊外住宅地における空き家発生の実態とその対策に関する基礎的研究（研究代表者　久保倫子）」，科学研究費（研究活動スタート支援）「カナダにおける都市内部の地域システムの実態調査－持続的な居住環境の創造に向けて－（課題番号25884032，2013～2014年度／研究代表者　久保倫子）」，および科学研究費（若手研究（B））「持続的な住宅地の維持管理システムの構築に向けた地誌学的手法による国際比較研究（課題番号00706947，2014年度～／研究代表者　久保倫子）」の支援を受けた。

　第2部の各章は，以下の論文及び口頭発表の内容を元に，加筆修正をしたものである。

久保倫子・由井義通・阪上弘彬（2014）：大都市圏郊外における空き家増加の実態とその対策　日本都市学会年報，47，183-190．
久保倫子・小野澤泰子・橋本操・菱沼雄介・松井圭介（2010）：成田ニュータウンにおけるコミュニティ活動の特性　地域研究年報，32，43-69．
久保倫子（2014）：東京大都市圏における居住地域構造の変容に対するハウジング研究の試み　「経済地理学会2014年大会」（名古屋大学，5月25日口頭発表）
久保倫子（2012）：都心人口回復と都心居住をめぐる諸課題に基づいた地理授業の開発　地理空間，5，27-42．
久保倫子（2011）：住宅からみる日本の都市空間　地理，56（5），48-60．
Kubo T., Onozawa Y., Hashimoto M., Hishinuma Y., and Matsui K. (2010): Mixed development in Sustainability of suburban neighborhoods: The case of Narita New Town. *Geographical Review of Japan Series B*, 83, 47-63.

【第2部注】
1) 空き家の利活用に関しては，牛久市も都市計画課が担当となっている。
2) 県立保健福祉大学の学生による空き家居住事業は，周辺地域に居住する高齢者の見守りもかねて安い家賃で大学生に空き家を貸し出すもので，インタビュー調査時に2軒の空き家が借用されていた。
3) 幕張ベイタウンを事例に居住地選択を分析した久保（2010b）を参照のこと。
4) 地区ショッピングセンターは，現在コンビニエンスストアなどに業種転換しているものが多い。
5) 中央公民館においては，毎年11月には公民館まつりが開催される。各地区の公民館で行

われるサークル活動や住民有志集団が参加し，サークル活動の成果を発表したり模擬店を出展したりするほか，新規メンバーの勧誘などを行っている．2008年の参加者リストによると，子育てサークルや中高年女性の絵画やダンスサークル，さらに中高年男性の切手収集や模型作成クラブなど多岐にわたる活動が行われていた．
6) 成田ニュータウンにある戸建住宅は2種類あり，戸建住宅とテラスハウスに分かれる．テラスハウスは，並んで建設された2棟の住宅の一部が接続しており，戸建住宅と比較すると安価である場合が多い．
7) 成田市に地縁のある居住者では，結婚などのライフイベントで転出する際の転居先として成田ニュータウンや，京成本線の公津の杜駅周辺の新開発地などが選択される傾向がある．これらの地区においては，賃貸住宅の選択肢が多いことや，家族世帯に購入可能な価格や間取りの新築マンションが供給されている地域であるためである．
8)「成田ふるさと祭り」においては，2005年から福引抽選会を開催している．福引券は各自治会・町内会を通じて地域住民に配布される．
9) 建設完了時期にもとづいて算出した．
10) 公営住宅は，入居に際して収入の制限があり，収入が一定額を超えれば転出する仕組みになっている．そのため，若年の核家族世帯などは収入の増加に伴って他の居住形態へ転出する一方で，収入が低水準のまま継続しやすい高齢世帯や生活保護受給世帯などは居住継続（滞留）する．そのため，一定期間が継続すると特定の属性が集積し，特に居住者の高齢化が進みやすい（由井1993，1996）．
11) 欧米都市の政策を分析したCarmon（1999）は，1970年代以降の経済的な停滞状況を打破するために，欧米の主要都市において都心居住を促し都市の再活性化を図る政策がとられたことを明らかにした．さらに，Carmon（1999）は，これらの再開発事業を，個人や中小事業者による直接投資もしくは自治体などを介入しての投資によって居住環境の悪化した地区を開発するもの（public-individual partnership型）と，民間の大規模な投資事業者と公的な機関とが共同で開発するもの（public-private partnership型）とに分けて分析している．後者には，主に大都市中心部で行われるgentrification，中小都市の中心部で行われる現居住者による住宅や居住環境の改善事業，裕福な移民に向けた住宅開発などの類型がある（Carmon 1999）．
12) ヤッピー（Yuppie，Yuppies）とは，Young Urban Professionalsの略で，その特徴は都心やその近郊に居住し，年齢は25～45歳の間で，知名度，名声，社会的地位，権力，金銭などを求め，週末にブランチをとったり残業をいとわなかったりすることにある（Piesman et al. 1984）．
13) 日本と欧米各国の住宅市場の特性を比較した平山（2009）などを参照のこと．
14) Ley（2010）は，アジアからカナダのゲートウェイ・シティに転入する裕福な移民たちを"Millionaire Migrant"と呼んだ．

11章 結 論
－東京大都市圏における居住地域構造の変容に関するハウジング研究の成果と課題

11-1 都心／郊外の明暗についてのパラレルな関係

　世帯構成の多様化や晩婚化，共働き世帯の増加といった社会状況の変化は，住宅市場や居住選好に大きな影響を与え，郊外化から都心居住へと都市の居住地域構造を変化させてきた。その結果，現在では都心部の発展と郊外の衰退が著しく，大都市圏内の居住地域構造にはっきりとした明暗が生まれている。しかし，日本の住宅市場の特性を考えるとき，都心と郊外の関係はいずれ逆転する可能性も高いのである。日本の住宅市場の特性を考慮せずに経済原理を重視した結果，一斉分譲で均質的，ソシアル・セグリゲート型の開発が進められてきた郊外が開発から数十年を経て衰退地区に変容しているように，このままの制度や住宅開発，住宅地の維持管理システムが維持されれば，いずれ現在開発された住宅地区やマンションで同様の問題が起きてもおかしくないのである。つまり，都心と郊外の明暗はパラレルの関係にあるのである。

　負の連鎖を断ち切るためには，今顕在化している住宅地の問題点を詳細に分析し，解決の糸口を見出す研究が求められている。住宅地の問題点を詳細に分析する際に有効と思われるのが地誌学的手法である。系統地理的な手法はある問題の一側面をとらえるが，地誌学的な手法はある地域で起こる問題を多様な角度から時系列的・総合的に把握できるからである。ちなみに，ジョンストン(2002)も，地誌学的な研究手法を用いることにより，地域的問題の実態とその対策を導くことができると述べている。

11-2 持続的な住宅地の維持管理システムの構築に向けて

　最後に，本研究の成果をまとめ，そこから日本において持続的な住宅地の維持管理システム構築に向けて必要となることを考えたい。本研究で明らかになったことは以下のとおりである。第一に，日本においては住宅市場に対する移民の影響が欧米諸国と比較して極端に少ないこと，中古住宅市場が脆弱で新築信仰が根強いことなどにより独特な住宅市場が形成されている。しかし，女性の社会進出や単独世帯の増加，世帯人員の縮小により都心居住，特にマンション（コンドミニアム）需要が生まれていること，また若年世帯が必ずしも戸建住宅を望まなくなりつつあることなどの居住選好の変化が都心居住を促していることなど，諸外国の実態と共通する要素があることも事実である。

　第二に，高齢化に加え，住宅政策や住宅開発上の問題と，居住選好の変化，経済状況の変化などにより東京大都市圏の郊外住宅地が衰退しつつある。日本において良好な居住環境を維持形成していくためには，居住者の年齢構成のバランスが保たれ，多様な人材が地域で活躍できること，つまり良好なソシアル・ミックスの実現が重要である。日本では，特定の年齢，世帯構成に特化した郊外住宅地を大量に生み出してきたが，ソシアル・ミックスを実現する住宅開発，地域社会を形成することにより，住宅地全体の衰退をゆるやかにすることが期待される。

　さらに，現状のまま住宅開発が続けられると，将来的には郊外住宅地の衰退と同じことが都心部や近郊のマンション地区でも起こりうるという危惧がある。マンションは，中古住宅としての流通も多いため，郊外の戸建住宅よりも放棄される可能性は低いものの，修繕や建て替えの合意形成の可否，特に販売から数十年後の建て替えを機に問題化するものが出てくることは想像に難くない。既に，バブル経済期に投資用として購入された物件や，立地条件などの不利なものでは，廃墟化が進みつつあるものもある。また，公団住宅や初期に供給されたマンションの多くは建替時期に達しているが，居住者やディベロッパーとの合意形成ができず，建替えが進まない事例も報告されるようになってきた。区分所有住宅は，所有者が複数存在することで地代や修繕費の個人負担

を減らすことができる反面，居住者の合意形成が必要になる場面では困難も伴うのである。

　大都市圏内では，住宅供給の動向によって衰退／発展する地域へと明暗が分かれている。郊外化の時代には都心部の地価高騰，環境悪化で郊外の新開発地へ人々が流れ，現在は郊外が衰退し都心のマンション新開発地へ人々が流れている。新開発地を求めて人々の居住地が移動していくだけでなく，既存の住宅地や住宅ストックを有効活用するための仕組み，もしくは広がりすぎた郊外を平和的に縮小する方策，つまり居住の権利を侵害することなく更地化を進めるための制度が求められている。

　日本における「住の危機」をいかに乗り越えていくのかは，行政，民間事業者，金融機関，そして居住者の意思決定にかかっている。新規住宅購入の促進に主眼を置いた住宅市場や税制，都市計画を見直し，過剰な住宅ストックを活用する仕組みを構築する必要がある。また，日本人の住宅や住まい方に対する意識を変えていくことも必要である。つまり，長期的に地域や住宅の価値を維持するために，住宅および街区のメンテナンスを行う発想が求められる。自治会，行政，不動産業界などの関係機関が一丸となって住宅および街区の維持管理システムを構築することが，持続的な居住環境を作るために最も重要なことであると考える。今後は，国内外における住宅地の実態を把握するとともに，海外都市における住まい方や住宅地の維持管理システムを学ぶことで，日本において持続的な居住環境をつくるための道筋を提示していきたい。

おわりに

　本書は，筑波大学大学院生命環境科学研究科に提出した博士論文，日本学術振興会特別研究員（DC2およびPD）としての研究成果，さらに公益財団法人国土地理協会および科学研究費・研究活動スタート支援および若手研究（B）の助成を受けて実施してきた研究成果の一部を再構成してまとめたものである。刊行に当たり，公益社団法人日本地理学会の出版助成を受けた。

　筑波大学第二学群比較文化学類の卒業論文として水戸市のマンション調査を始めてから，早いもので約10年の年月が経過した。研究をすればするほど都市地理学，そしてハウジング研究の扱うべき課題の幅広さや奥深さに圧倒され，調査の困難さや自分の力量不足に愕然としながら，とにかく必死に研究に取り組む日々である。

　地理学的なハウジング研究に惹かれるのは，不動産業を営む父の書斎にあった都市計画図や住宅地図の影響であるかもしれないし，伯父の工務店でかんなから削り出された木材のくずに紛れて遊んだ幼少期の記憶が原風景となっているのかもしれない。しかし，直接的なきっかけとなったのは，茨城県立水戸第二高等学校という女子高（共学校になったものの，実質的には女子高のままであった）に在籍中，正門の前にマンションが建ったことであろう。当初は防犯面での不安を感じていたもの，気づけば水戸市中心部でのマンション建設ラッシュに興味を持つようになっていた。大学入学後，都市地理学の講義を聞くうちに，水戸市中心部で起こっていることが都市地理学のテーマになりうることを知り，卒業論文・修士論文で水戸市中心部のマンション供給と居住地選択を調査することとなった。

　博士課程では，景観や街育て運動で有名な幕張ベイタウンや成田ニュータウ

ンでの調査を実施した．さらに，博士号取得前にカナダのブリティッシュ・コロンビア大学に半年間滞在する機会を得て（日本学術振興会・優秀若手研究者海外派遣事業），海外都市での人々の住まい方や住宅地の維持管理の方法に関心を持ったことが，現在の研究の基礎となっている．カナダへ行ったことは，カナダをフィールドに研究する恩師の影響が大きいようにも思う．恩師である田林明先生には，常に大きな枠組みで自分の研究を捉えるようにとご指導をいただいた．少しでも時間があれば（いや，時間がなくても）フィールドに出かけ，いつでも勉強を欠かさず，研究に真摯に向き合われる田林先生の後ろ姿をみてきたため，ふざけた態度で研究に向き合ってはいけないと常に心がけるようになった．

　博士課程在籍中より，広島大学の由井義通教授との共同研究を行う機会をいただき，研究成果を国際的に発信することや，ハウジング研究の扱うべきテーマやその意義を考えることができた．由井先生が執筆された『地理学におけるハウジング研究』（大明堂，1999）は，卒業論文時代から現在まで研究のバイブルである．由井先生との共同研究では，世帯の多様化に対応したマンション供給の変化や，ひとり親世帯の住宅問題，郊外住宅地の空き家問題など，多様な研究テーマに取り組み，研究の視野を広げることができた．

　ポスドク時代には，明治大学の川口太郎先生の元で，東京湾岸部での超高層マンションの調査を行う機会をいただいたり，郊外での住宅研究についてのご指導をいただいたりした．これまで自身が取り組んできた地域調査的な手法だけではなく，近隣学問領域の研究成果を取り入れた議論の重要性を学ぶことができ，とても充実した研究期間を過ごすことができた．

　また，この時期には，筑波大学・人文地理学分野の松井圭介教授や同院生とともに，茨城県日立市において東日本大震災後の地域コミュニティの再生過程についての研究を行った．この調査は，学術研究の社会的役割について，また，地理学の基礎的概念である形式地域・実質地域・認知地域について，深く考える機会となった．さらに，この震災研究と関連して，ブリティッシュ・コロンビア大学でお世話になっているデヴィット・エジントン先生の"*Reconstructing Kobe: The Geography of Crisis and Opportunity*"の分担翻訳をさせていただく機

会を得た。エジントン先生には，バンクーバーでの調査のご指導をいただくだけでなく，カナダ日本研究学会（JSAC）やアメリカ地理学会（AAG）のセッションに招いていただくなど，貴重な成果発表の機会をいただいている。

ちなみに，トロント大学の名誉教授であるラリー・ボーン先生が"The Geography of Housing"を発表されたのは私が生まれた1981年であり，ハウジング研究との宿命的な結びつきを感じずにはいられない。大学院に入学後，筑波大学・地誌学分野の手塚章教授から"The Geography of Housing"をいただき，必死に勉強した記憶がある。数年前に国際地理学連合（IGU）の都市地理学コミッション大会でボーン先生にお会いした時は緊張したが，「あの本は何世紀も前の遺産ですよ」という冗談とともに貴重なご意見をいただくことができた。また，同コミッションでは，カルガリー大学の名誉教授であるウェイン・デイヴィス先生に大変お世話になっている。デイヴィス先生は，英語論文のブラッシュアップ，国際学会での研究ネットワーク作りを助けてくださるだけでなく，研究上の悩みにもユーモアを交えながら真摯に応えてくださる，「カナダの父」と呼ぶべき存在である。

岐阜大学に着任してからは，教育学部地理学教室の野元世紀先生と大関泰宏先生，そして地域科学部の富樫幸一先生と林琢也先生に温かく迎えていただき，そのお蔭で研究にも教育にも真摯に取り組むことができている。また，自分のゼミを持つようになり，学生たちから学ぶことも増えた。卒業研究で初めて本格的な地域調査を行うにもかかわらず，学生達は「フィールドで学び，フィールドから思考する」という地理学の基本姿勢を貫いており，指導しながら自分自身を顧みることも多い。

最後に，本研究の遂行にあたり，調査地域の自治体や住民，マンション・ディベロッパーの方々に貴重な時間を割いて調査にご協力をいただき，そのお蔭で研究の成果を得ることができた。また，不動産経済研究所には，「全国マンション市場動向」のデータをご提供いただき，マンション供給の分析を行うことができた。本書の発行に際しては，古今書院編集部の原　光一様にご尽力いただいた。日本地理学会・日本都市地理学会をはじめとする国内外の学会および都

市地理学関係の研究グループ，住宅問題の研究グループなどでは多くの先生方にお世話になり，研究へのご助言やご指導をいただいている．本研究の遂行にあたりお世話になった方すべてのお名前を挙げることができないことをお詫び申し上げたい．

　これまで研究を続けることが出来たのは，調査地域で自治体や住民の方々に温かく迎えていただき成果を得られたこと，多くの先生方にご指導いただく機会を得られたこと，大学院の同期に恵まれたこと，日本学術振興会などから研究助成をいただいたことなど，様々な奇跡が積み重なったからに他ならない．心から感謝の意をお伝えするとともに，今後も変わらぬご理解・ご指導を賜りたく伏してお願い申し上げたい．誠にありがとうございました．

　2014年11月3日

岐阜大学教育学部　助教
久保倫子

Acknowledgement

I would like to express my sincere gratitude to all those who have made this book possible. My deepest gratitude goes first to Prof. Wayne K. D. Davies, my "Canadian father", for your kind and thoughtful advice on my research. I am deeply thankful to IGU Urban Geography Commission members for your inspiring papers. My sincere gratitude goes to Prof. David W. Edgington for supporting my research in Vancouver.

　Thank you,
　Tomoko Kubo

文　献

一番ヶ瀬康子（2003）：『女性の主体形成と男女共同参画』ドメス出版.
伊藤修一（2001）：千葉ニュータウン戸建住宅居住世帯の居住地選択－夫と妻の意思決定過程への関わり方を中心として－　地理学評論，74A，585-598.
稲垣　稜（2003）：大都市圏郊外のニュータウン出身者の移動行動－高蔵寺ニュータウンを事例に－　地理学評論，76，575-598.
岩上真珠（2003）：『ライフコースとジェンダーで読む　家族』有斐閣.
江崎雄治（2006）：『首都圏人口の将来像－都心と郊外の人口地理学－』専修大学出版局.
大塚俊幸（2004）：マンションの立地に伴う中心商業地縁辺部の再生過程－四日市市諏訪新道地区を事例として－　経済地理学年報，50，118-138.
大塚俊幸（2005）：豊橋市中心市街地におけるマンション供給と居住地選好　地理学評論，78，202-227.
大谷哲士・森田孝夫・阪田弘一・髙木真人（2007）：京都の旧市街における空家の実態とそのメカニズムに関する研究－東山区六原学区を対象に－　平成19年度日本建築学会近畿支部研究報告集，97-100.
香川貴志（1984）：都心部における民間集合住宅の立地－名古屋市を例として－　人文地理，36，362-375.
香川貴志（1987）：東北地方県庁所在都市内部における人口高齢化現象の地域的展開　人文地理，39，370-384.
香川貴志（1988）：高層住宅の立地にともなう都心周辺部の変化－大阪市西区におけるケーススタディ－　地理学評論，61A，350-368.
香川貴志（1989）：高層住宅居住者の属性に関する一考察－大阪市西区におけるケーススタディ－　立命館地理学，1，111-120.
香川貴志（1990）：名古屋市における中高層住宅の立地特性　地理科学，45，1-19.
香川貴志（1993）：大阪30km圏における民間分譲中高層住宅の供給構造　地理学評論，66A，683-702.

香川貴志（2005）：岡山市の都心立地型超高層分譲マンションにみる居住者の諸属性と居住環境評価　日本都市学会年報，38，130-137．
香川貴志（2007）：札幌市中央区における分譲マンション供給の特徴－バブル期前後の比較考察を中心として－　人文地理，59，57-72．
香川貴志（2011）：少子高齢社会における親子近接別居への展望－千里ニュータウン南千里駅周辺を事例として－　人文地理，63，209-228．
影山穂波（2004）：『都市空間とジェンダー』古今書院．
加藤彰彦（2003）：『家族変動の社会学的研究－現代日本家族の持続と変容－』早稲田大学大学院文学研究科博士論文．
金城基満（1983）：ニュータウン地域の年齢構成の変化とその要因－千里と泉北の事例から　人文地理，35，171-181．
神谷浩夫・影山穂波・木下禮子（2002）：東京大都市圏における30歳代シングル女性の居住地選択－深層インタビューの質的分析と三角測量法的検証－　若林芳樹・神谷浩夫・木下禮子・由井義通・矢野桂司編：『シングル女性の都市空間』大明堂，117-146．
川口太郎（1997）：郊外世帯の居住移動に関する分析－埼玉県川越市における事例－　地理学評論，70A，108-118．
川口太郎（2007）：人口減少時代における郊外住宅地の持続可能性　駿台史学，130，85-113．
木村オリエ（2006）：郊外地域における男性退職者のコミュニティ活動への参加プロセス－多摩市桜ケ丘団地の事例－　地理学評論，79，111-123．
久木元美琴（2013）：東京圏における子育て期の母親のインターネット利用とオンライン・コミュニティの役割　地理科学，68，177-189．
久木元美琴・小泉　諒（2013）：東京都心湾岸部再開発地におけるホワイトカラー共働き世帯の保育サービス選択－江東区豊洲地区を事例として－　経済地理学年報，59，328-343．
久保倫子（2008）：水戸市中心部におけるマンション購入世帯の現住地選択に関する意思決定過程　地理学評論，81，45-59．
久保倫子（2010a）：マンションを扱った地理学的研究の動向と課題－日本での研究を中心に－　地理空間，3，43-56．
久保倫子（2010b）：幕張ベイタウンにおけるマンション購入世帯の現住地選択に関する意思決定過程　人文地理，62，1-19．

久保倫子・由井義通（2011）：東京都心部におけるマンション供給の多様化－コンパクトマンションの供給戦略に着目して－　地理学評論，84，460-472．
小泉　諒・西山弘泰・久保倫子・久木元美琴・川口太郎（2011）：東京都心湾岸部における住宅取得の新たな展開－江東区豊洲地区の超高層マンションを事例として－　地理学評論，84，592-609．
国土交通省編（2001）：『平成13年度首都圏白書』財務省印刷局．
国土交通省編（2003）：『平成15年度首都圏白書』財務省印刷局．
榊原彰子・松岡恵悟・宮澤　仁（2003）：仙台都心部における分譲マンション居住者の特性と都心居住の志向性　季刊地理学，55，87-106．
佐藤英人・荒井良雄（2003）：情報部門の機能強化に伴うオフィス立地の郊外化－幕張新都心の事例から－　人文地理，55，367-382．
ジェイン・ジェイコブス著，山形浩生訳（2010）：『新版　アメリカ大都市の死と生』鹿島出版社．
社団法人住宅生産団体連合会（2002）：『生活者と共に創る明日の住宅へのビジョン』社団法人住宅生産団体連合会．
ジョンストン，R.J.著，竹内啓一監訳（2002）：『場所をめぐる問題－人文地理の再構築のために－』古今書院．
谷　謙二（1997）：大都市郊外住民の居住経歴に関する分析－高蔵寺ニュータウン戸建住宅居住者の事例－　地理学評論，70A，263-286．
田原裕子・平井　誠・稲田七海・岩垂雅子・長沼佐枝・西　律子・和田康喜（2003）：高齢者の地理学－研究動向と今後の課題－　人文地理，55，451-473．
千葉県企業庁（1997）：『幕張ベイタウン居住者アンケート調査の集計・分析結果』千葉県企業庁地域整備部幕張新都心建設課．
鄭　美愛（2002）：韓国盆唐ニュータウン居住者の居住地移動パターンと移動要因　地理学評論，75，791-812．
東京都都市整備局（2011a）：『都営住宅団地一覧』http：//www.toshiseibi.metro.tokyo.jp/juutaku_keiei/264-00toeidanchi.htm[Cited 2012/4/1]
東京都都市整備局（2011b）：『都営住宅の入居資格』http：//www.toshiseibi.metro.tokyo.jp/juutaku_keiei/261toei2.htm[Cited 2012/4/14]
富田和暁（1996）：3大都市圏の中心市内部における機能的変容　人文研究　大阪市立大学文学部紀要，48，1-33．
富田和暁（2004）：大都市都心地区における最近の人口増加動向　人文研究　大阪

市立大学大学院文学研究科紀要，55，113-140.
富田和暁（2005）：大阪市都心地区における新規マンション居住者の居住満足度と定住意識　人文研究　大阪市立大学大学院文学研究科紀要，56，65-89.
富田和暁・熊谷美香・清水友香（2007）：大阪府北部地区における新規マンション居住者の居住満足度と定住意識－大阪市都心地区マンションとの比較－　人文研究　大阪市立大学大学院文学研究科紀要，58，68-91.
富永裕美・竹下輝和・志賀　勉・尾形基貴（2005）：斜面住宅地における高齢世帯の不在住化と住宅継承に関する研究　その1．高齢単身世帯の不在住化と住宅継承の実態　日本建築学会吸収支部研究報告，44，89-92.
友枝竜一・竹下輝和・志賀　勉（2003）：統合型公簿資料 GIS データベースを用いた郊外戸建住宅地における空家・空画地情報の把握　都市住宅学，43，30-35.
中澤高志（2004）：東京都心3区で働く女性の居住地選択－住宅双六からライフスタイル居住へ　由井義通・神谷浩夫・若林芳樹・中澤高志編：『働く女性の都市空間』古今書院，118-135.
中澤高志（2006）：住宅政策改革と大都市圏居住の変容に関する予察－東京大都市圏を中心に－　経済地理学年報，52，1-18.
中澤高志・川口太郎・佐藤英人（2012）：東京圏における団塊ジュニア世代の居住地移動－X 大学卒業生の事例－　経済地理学年報，58，181-197.
中澤高志・佐藤英人・川口太郎（2008）：世代交代に伴う東京圏郊外住宅地の変容－第一世代の高齢化と第二世代の動向－　人文地理，60，144-162.
成田市都市部都市計画課（2007）：『成田市都市基本計画（全体構想）』成田市.
長沼佐枝（2003）：インナーエリア地区における住宅更新と人口高齢化に関する一考察－東京都荒川区を事例に－　地理学評論，76，522-536.
長沼佐枝・荒井良雄・江崎雄治（2006）：東京大都市圏郊外地域の人口高齢化に関する一考察　人文地理，58，399-412.
西廣大輔・小山雄資・吉田友彦（2005）：郊外戸建住宅団地における空家の借家歴に関する研究－埼玉県坂戸市 K 団地を事例として－　都市住宅学，51，47-5.
長谷川達也（1997）：私鉄不動産企業による住宅地開発－南海電気鉄道を例に－　人文地理，49，465-464.
樋野公宏（2013）：空き家問題をめぐる状況を概括する　住宅，1，4-14.
広瀬智範（2000）：マンション開発に伴う仙台旧市街地の地域変貌－青葉区五橋二丁目地区を事例に－　季刊地理学，52，118-130.

平井　誠（1999）：大都市郊外地域における高齢者転入移動の特性－埼玉県所沢市の事例－　地理学評論，72A，289-309.
平山洋介（2009）『住宅政策のどこが問題か』光文社．
福原正弘（2005）：『甦れニュータウン－交流による再生を求めて－』古今書院．
藤田　隆（1988）：福岡市におけるマンションの供給とその分布　福岡大学総合研究所報，114，1-52.
藤田　隆（1989）：人口との関係からみた福岡市のマンション　福岡大学人文論叢，21，1-31.
不動産経済研究所（2002）：『全国マンション市場動向2002年実績・展望』不動産経済研究所．
堀内千加（2009）：京都市中心部におけるマンション開発と人口増加の動向　経済地理学年報，55，193-214.
幕張ベイタウン誕生10年記念誌制作委員会（2005）：『Makuhari Baytown 10 years story　幕張ベイタウン誕生10年記念誌』幕張ベイタウン誕生10年記念誌制作委員会．
松岡恵悟（2000）：仙台市における分譲マンションの立地と開発業者　東北都市学会研究年報，2，42-56.
松原　宏（1982）：大手不動産資本による大規模住宅開発の地域的展開　経済地理学年報，28，279-295.
松原　宏（1985）：大手不動産資本によるマンションの地域的展開　経済地理学年報，31，81-97.
松原　宏（1988）：地価高騰下のマンション需給の変容－福岡市の実態－　九州経済調査月報，42，21-30.
宮澤　仁・阿部　隆（2005）：1990年代後半の東京都心部における人口回復と住民構成の変化－国勢調査小地域集計結果の分析から－　地理学評論，78，893-912.
矢部直人（2003）：1990年代後半の東京都心における人口回帰現象－港区における住民アンケート調査の分析を中心にして－　人文地理，55，277-292.
由井義通（1986）：広島市における中高層住宅の開発とその居住者の特性　人文地理，38，56-77.
由井義通（1987）：広島市における中高層集合住宅居住者の住居移動　地理学評論，66A，775-794.
由井義通（1989）：中高層集合住宅居住者の住居移動－福岡市での事例研究－　人

文地理，41，101-121.

由井義通（1991）：住宅供給の類型別にみた居住者特性の分化－福井市を事例として－　地理科学，46，242-256.

由井義通（1993）：公営住宅における居住者特性の変容－広島市を事例として－　地理学評論，66A，663-682.

由井義通（1996）：東京都江東区における都営住宅居住者の年齢別人口構成の変化　季刊地理学，48，255-275.

由井義通（1999）：『地理学におけるハウジング研究』大明堂．

由井義通（2000）：都心居住－シングル女性向けマンションの供給－　広島大学教育学部紀要第二部，48，37-46.

由井義通（2003）：大都市におけるシングル女性のマンション購入とその背景－『女性のための住宅情報』の分析から　季刊地理学，55，143-161.

由井義通・杉谷真理子・久保倫子（2014）：地方都市の郊外住宅団地における空き家の発生－呉市昭和地区の事例－　都市地理学，9，69-77.

吉田友彦（2010）：『郊外の衰退と再生－シュリンキングシティを展望する－』晃洋書房．

李　政勳（2002）：東京大都市圏における都心オフィス機能の郊外移転の要因と費用　人文地理，54，452-470.

若林芳樹・神谷浩夫・木下禮子・由井義通・矢野桂司（2002）：『シングル女性の都市空間』大明堂．

Aero, T. (2006): Residential choice from a lifestyle perspective. *Housing, Theory and Society*, 23, 109-130.

Bean, J. S. and Guttery, R.S. (1997): The coming downsizing of real estate: Implication of technology. *Journal of Real Estate Management*, 1, 1-18.

Bell, W. (1958): Social choice, life styles and suburban residence. In Dobriner, W. ed. *The Suburban Community*, Putman, New York.

Bell, C. and Newby, H. (1976): Communion, communalism, class and community action: the sources of new urban policies. In Herbert, D. and Johnston, R. eds. *Social Areas in Cities*. Wiley, Chichester.

Bond, M.T., Seiler, M.J., Seiler, V. L. and Blake, B. (2000) : Use of websites for effective real estate marketing. *Journal of Real Estate Portfolio Management*, 6, 203-210.

Bounds, M. and Morris, A. (2006): Second wave gentrification in inner-city Sydney. *Cities*,

23, 99-108.

Bourne, L. S. (1981): *The Geography of Housing*. Arnold, London.

Bourne, L. S. and Ley, D. (1993) : *The Changing Social Geography of Canadian Cities*. McGill Queens University Press.

Brown, L. A. and Moore, E. A. (1970) : The intra-urban migration process: A perspective. *Geografiska Annaler*, 52B, 1-13.

Butler, T. and Lees, L. (2006) : Super-gentrification in Barnsbury, London: Globalization and gentrifying global elites at the neighborhood level. *Transactions of the Institute of British Geographers, New Series*, 31, 467-487.

Canada Mortgage And Housing Corporation (CMHC) (2009a) : *Canadian Housing Observer 2009*. CMHC.

Canada Mortgage And Housing Corporation (CMHC) (2009b) : $22M Supportive Housing Opens in Downtown Eastside. http://www.cmhc-schl.gc.ca/en/corp/nero/nere/2009/2009-10-13-1400.cfm [Cited2012/4/14]

Canada Mortgage And Housing Corporation (CMHC) (2011) : New Supportive Housing for Women Opens in Vancouver. http://www.cmhc-schl.gc.ca/en/corp/nero/nere/2011/2011-07-25-1200a.cfm [Cited2012/4/14]

Carmon, N. (1999) : Three generations of urban renewal policies: Analysis and policy implications. *Geoforum*, 30, 145-158.

City of Vancouver Housing Centre (2005) : *Homeless Action Plan*. City of Vancouver.

Davies, W.K.D. and Townshed, I. (1994) : How do community associations vary? The structure of community associations in Calgary, Alberta. *Urban Studies*, 10, 1739-1761.

Davidson, M. and Lees, L. (2005) : New-built 'gentrification' and London's riverside renaissance. *Environment and Planning A*, 37, 1165-1190.

Elsinga, M. and Hoekstra, J. (2005) : Homeownership and housing satisfaction. *Journal of Housing and the Built Environment*, 20, 401-424.

Evans, A. (1976) : Economic influences on social mix. *Urban Studies*, 13, 247-260.

Foley, D.L. (1960) : British town planning: One ideology or three? *British Journal of Sociology*, 2, 211-231.

Florida, R. (2003) : *The Rise of the Creative Class*. Basic Books, New York.

Graham, E., Manley, D., Hiscock, R., Boyle, P. and Doherty, J. (2009) : Mixing housing tenures: is it good for social well-being? *Urban Studies*, 46, 139-165.

Harris, D.C. (2011) : Condominium and the city: The rise of property in Vancouver. *Law and Social Inquiry*, 36, 694-726.

Hetherington, K. (1990) : The contemporary significance of Schmalenbach's concept of the Bund. *Sociological Review*, 42, 1-25.

Hirayama, Y. (2005) : Running hot and cold in the urban home-ownership market: The experience of Japan's major cities. *Journal of Housing and the Built Environment*, 20, 1-20.

Hirayama, Y. and Izuhara, M. (2008) : Women and housing assets in the context of Japan's home-owning democracy. *Journal of Social Policy*, 37, 641-660.

Hirayama, Y. and Ronald, R. (2007) : *Housing and Social Transition in Japan*. Routledge.

Hutton, T.A. (2011): Thinking metropolis-from the 'livable region' to 'sustainable metropolis' in Vancouver. *International Planning Studies*, 16, 237-255.

Kauko T. (2006) : Expressions of housing consumer preferences: Proposition for research agenda. *Housing, Theory and Society*, 23, 92-108.

Kern, L. (2010) : *Sex and the Revitalized City Gender, Condominium Development, and Urban Citizenship*. University of British Columbia Press.

Klinenberg, E. (2012) : *Going Solo the Extraordinary Rise and Surprising Appeal of Living Alone*. The Penguin Press, London.

Kubo, T. and Yui, Y. (2011) : Transformation of the housing market in Tokyo since the late 1990s: housing purchases by single-person households. *Asian and African Studies*, 15(1), 3-20.

Lees, L. (2000) : A reappraisal of gentrification: towards a 'geography of gentrification'. *Progress in Human Geography*, 24, 389-408.

Lees, L. (2008) : Gentrification and social mixing: Towards an inclusive urban renaissance? *Urban Studies*, 45, 2449-2470.

Ley, D. (1996) : *The New Middle Class and the Remarking of the Central City*. Oxford University Press, New York.

Ley, D. (2010) : *Millionair Migrants: Trans-pacific Life Lines*. Wiley-Blackwell, UK.

Michelson, W. (1977): *Environmental Choice, Human Behavior, and Residential Satisfaction*. Oxford, New York.

Moos, M. and Skaburskis, A. (2010) : The globalization of urban housing markets: Immigration and changing housing demand in Vancouver. *Urban Geography*, 31, 724-749.

Morrow- Jones, H. A.(1988) : The housing life-cycle and the transition from renting to owning a home in the United States: A multistate analysis. *Environment and Planning A*, 20, 1165-1184.

Morrow-Jones, H. A. (1989) : Housing tenure change in American suburbs. *Urban Geography*, 10, 316-335.

ODPM (Office of the Deputy Prime Minister). (2005): *Sustainable Communities: People, Places and Prosperity*. OCDM, London.

Palm, R. and Danis, M.A. (2001) : Residential mobility: The impacts of web-based information on the search process and spatial housing choice patterns. *Urban Geography*, 22, 641-655.

Palm, R. and Danis, M.A. (2002) : The internet and home purchase. *Tijdschrift voor Economische en Sociale Geografie*, 93, 537-547.

Piesman, M., Hartley, M. and Johnson, L.S. (1984) : *The Yuppie Handbook: The State-of-the Art Manual for Young Urban Professionals*. Long Shadow Books.

Preston, V. (1986) : The affordability of condominiums and cooperatives in the northeast 1980-1983. *Proceedings of the Middle State Division of the Association of American Geographers*, 12-18.

Preston, V. (1991) : Who lives in condominiums and cooperatives? : An empirical investigation of housing tenure. *Tijdschrift voor Economische en Sociale Geografie*, 82(1), 2-14.

Putnam, R. (1995) : Bowling alone: America's declining social capital. *Journal of Democracy*, 6, 65-78.

Robson, B. T. (1975) : *Urban Social Areas*. Clarendon Press, Oxford.

Ronald, R. (2004) : Home ownership, ideology and diversity: Re-evaluating concepts of housing ideology in the case of Japan. *Housing, Theory and Society*, 21, 49-64.

Ronald, R. (2008) : *The Ideology of Home Ownership*. Palgrave Macmillan.

Rose, D. (1980) : Towards a reevaluation of the political significance of home ownership. In *Housing Construction and the State*, CSE, Political Economy of Housing Workshop, London.

Rose, D. (2004) : Discourses and experiences of social mix in gentrifying neighborhoods: a Montreal case study. *Canadian Journal of Urban Research*, 13, 278-316.

Sarkissian, W. (1976) : The idea of social mix in town planning: an historical review. *Urban Studies*, 13, 231-246.

Savage, M. and Warde, A. (1993) : *Urban Sociology, Capitalism and Modernity*. Macmillan,

London.

Schmalenbach, H. S. (1977) : *Herman Schmalenbach: On Society and Experience*. University of Chicago Press, Chicago.

Schoon, N. (2001) : *The Chosen City*. Spon Press, London.

Schaffer, R. and Smith, N. (1986) : The gentrification of Harlem? *Annals of the Association of American Geographers*, 76, 347-365.

Short, J. R. (1978) : Residential mobility. *Progress in Human Geography*, 2, 419-447.

Skaburskis, A. (1988) : The nature of Canadian condominium submarkets and the effect on the evolving urban spatial structure. *Urban Studies*, 25, 109-123.

Smith, T.R. and Clark, W.A.V. (1980) : Housing market search: Information constraints and efficiency. In Clark, W.A.V. and Moore, E.G. eds. *Residential Mobility and Public Policy*. Sage Publications, 100-125.

Townshed, I. (2006) : From public neighborhoods to multi-tier private neighborhoods: The evolving ecology of neighborhood privatization in Calgary. *Geo Journal*, 66, 103-120.

Tsutsumi, J. and O'Connor, K. (2011) : International students as an influence on residential change: A case study of the city of Melbourne. *Geographical Review of Japan Series B*, 84, 16-26.

Van Vliet, W. and Hirayama, Y. (1994) : Housing conditions and affordability in Japan. *Housing Studies*, 9, 351-368.

Watson, S. (1980) : Housing and the family: the marginalization of non-family households in Britain. *International Journal of Urban and Regional Research*, 10(1), 8-28.

Wolpert, J. (1965) : Behavioral aspects of the decision to migrate. *Papers of the Regional Science Association*, 15, 159-169.

Zumpano, L.V., Johnson, K.H. and Anderson, R.I. (2003) : Internet use and real estate brokerage market intermediation. *Journal of Housing Economics*, 12, 134-150.

索 引

【ア 行】

愛着　92, 171
空き家条例　113
空き家増加の問題　3
家制度　11
維持管理　56
意思決定過程　7
インターネット　63
永住意識　51
永住形態　12
オフィス　18

【カ 行】

管理不全な空き家　111
居住環境　1
居住機能　1
居住形態　5
居住経歴　45
居住地域構造　2
居住地選択　6
規制緩和　13
近居　80
空間的な制約　64
郊外化　3
郊外住宅地　1
郊外第二世代　70
行動論的手法　7
行動論的二段階モデル　7
高齢化　16
戸建住宅　1

コミュニティ　150
コミュニティ活動　151
コンドミニアム　6
コンパクトマンション　34

【サ 行】

サークル活動　151
集合住宅　12
住宅価格高騰　180
住宅慣習　11
住宅供給　2
住宅金融公庫法　12
住宅市場　3
住宅取得行動　11
住宅情報　8, 63
住宅所有意識　11
住宅地開発　1
住宅不足　12
住宅問題　178
住宅ローン　33
周辺探索　88
実家継承　55
職縁　172
職住近接　172
持続性　4
人口移動　11
スクラップ・アンド・ビルド　13
ステイタス　43
スポット探索　88
住まい方　2

住み替え　70
すみ分け　17
セキュリティ　20
世代交代　113
世帯の多様化　2
ソシアル・セグリゲート　108
ソシアル・ミックス　108

【タ　行】

大都市圏　1
タワーマンション　34
探索地域　6
単身女性　20
単身世帯　19
地域イメージ　57
地域コミュニティ　4
地域システム　2
超高層マンション　33
中古住宅　16
地縁　172
通勤利便性　20
定住意識　68
ディベロッパー　16
東京大都市圏　2
東京都心部　22
都市政策　177
都市地理学　3
都心居住　3
豊洲　40

【ナ・ハ　行】

成田ニュータウン　124
成田ふるさと祭り　151
日本住宅公団法　12
根なし草　86
ハウジング研究　2
バブル経済期　12
バンクーバー　177
ブルーカラー　17
分家　11
ベッドタウン　172
本家　11

【マ・ヤ　行】

幕張ベイタウン　3
マンション　1
マンション供給　25
ミックス・ディベロップメント　3,108
水戸市　3
メジャーセブン　34
持家取得　1
容積率　39

【ラ・ワ　行】

ライフコース　5
ライフスタイル　25
ライフステージ　47
ワンルームマンション　12

著者略歴

久保 倫子（くぼ ともこ）
岐阜大学教育学部社会科教育講座（地理学）助教

1981年茨城県生まれ。筑波大学第二学群比較文化学類を卒業後，筑波大学一貫制博士課程生命環境科学研究科地球環境科学専攻を修了した。同校での取得学位は，修士（理学），博士（理学）。日本学術振興会「優秀若手研究者海外派遣事業」の助成を受け，2010年に半年間，カナダのブリティッシュ・コロンビア大学に滞在した。日本学術振興会特別研究員（DC2, PD），国際教養大学や立教大学での非常勤講師を経て，現職。

専門は都市地理学およびハウジング研究。2011年，地理空間学会奨励賞を受賞。2012年，国際地理学会連合（IGU）の Urban Geography Commission 2012 Young Scholars Paper Competition Winner を受賞。受賞後は，若手研究者部門のメンバーを務める。2014～2018年は，国際社会学会（ISA）のRC43（Housing and the Built Environment）Board executive member を務めている。

主な著書：

デビッド.W.エジントン著，香川貴志・久保倫子共訳（2014）:『よみがえる神戸－危機と復興契機の地理的不均衡－』海青社.

久保倫子・由井義通・阪上弘彬（2014）：大都市圏郊外における空き家増加の実態とその対策　日本都市学会年報, 47, 182-190.

久保倫子（2014）：人口回復とマンション開発　藤井　正・神谷浩夫編：『よくわかる都市地理学』ミネルヴァ書房, 164-166.

書　名	**東京大都市圏におけるハウジング研究** －都心居住と郊外住宅地の衰退
コード	ISBN978-4-7722-5287-4　C3036
発行日	2015年3月31日　初版第1刷発行
著　者	久保 倫子 Copyright ©2015 KUBO Tomoko
発行者	株式会社 古今書院　橋本寿資
印刷所	株式会社 理想社
発行所	株式会社 古 今 書 院 〒101-0062　東京都千代田区神田駿河台2-10
電　話	03-3291-2757
FAX	03-3233-0303
URL	http://www.kokon.co.jp/

検印省略・Printed in Japan

いろんな本をご覧ください
古今書院のホームページ

http://www.kokon.co.jp/

★ 700点以上の**新刊・既刊書**の内容・目次を写真入りでくわしく紹介
★ 地球科学やGIS, 教育など**ジャンル別**のおすすめ本をリストアップ
★ **月刊『地理』**最新号・バックナンバーの特集概要と目次を掲載
★ 書名・著者・目次・内容紹介などあらゆる語句に対応した**検索機能**

古 今 書 院

〒101-0062　東京都千代田区神田駿河台 2-10

TEL 03-3291-2757　　FAX 03-3233-0303

☆メールでのご注文は order@kokon.co.jp へ